特別支援教育のエッセンス

聴覚障害教育の基本と実践

宍戸和成・古川勝也・徳永 豊【監修】
宍戸和成・原田公人・庄司美千代【編】

慶應義塾大学出版会

「特別支援教育のエッセンス」の刊行にあたって

令和の日本型学校教育のキーワードは、中央教育審議会答申（令和３年）に謳われているとおり「個別最適な学び」と「協働的な学び」の実現です。個別の指導計画を踏まえた授業づくりの実践を長年積み重ねて来た特別支援教育は、学校教育において、その果たすべき役割がますます大きくなりつつあります。そのため、特別支援教育を担う「教師の専門性」の向上や大学等における教員の養成などの充実は、教育の喫緊の課題になっています。

このような中で、「特別支援教育のエッセンス」として、視覚障害教育、聴覚障害教育、知的障害教育、肢体不自由教育、自閉スペクトラム症教育における教育的営みの「基本と実践」をまとめたシリーズを刊行することになりました。「特別支援教育」全般に関する概論的書籍を目にすることは多いのですが、障害種ごとの各分野において、基本的な知識を得られるとともに実践的な学びをもたらす書籍が求められている状況です。

慶應義塾大学出版会から刊行されている『視覚障害教育に携わる方のために』と『肢体不自由教育の基本とその展開』は、その構成と内容が評価され、版を重ねてきました。しかしながら、それぞれ初版から15年以上が経過しており、この間にカリキュラムマネジメントや教育課程の見直し、授業づくりなど特別支援教育を取り巻く状況は大きく変化しています。

そこで、本シリーズ「特別支援教育のエッセンス」を企画しました。そのポイントは、以下のとおりです。

① 障害種ごとに１冊ずつ完結させることで、内容や範囲を把握しやすく、学びやすくすること。

② 学校現場の悩みや戸惑いに対応し、学校現場の困りごとに対する解決の方向性を示すものとすること。

③　学生（教員免許状取得希望者、特別支援学校教諭免許状取得希望者）と、さらには特別支援学校教師、特に新任者を主に対象とした内容とし、研修や講義で使用しやすい章構成とすること。
④　これまでの教育実践を踏まえて、オーソドックスな内容とし、教育の「基本」に徹すること。
⑤　ICT 活用や合理的配慮、キャリア支援など、今日的な課題に対応した内容とすること。
⑥　特別支援教育を担当する教師だけでなく、家族や支援を行う専門職へも有益な内容を盛り込んでいること。

また、このような教科書に準じた書籍として、特別支援教育の各障害について、その内容をとりそろえたシリーズとすることにしました。構成や内容の確かさを高めるために、各巻の編者及び執筆者は、実践につながる内容を重視しつつ、適切な情報を提供するため、一部、独立行政法人国立特別支援教育総合研究所の関係者の協力を得ることにしました。

この「特別支援教育のエッセンス」が、特別支援教育を担う「教師の専門性」の向上と大学等における教員の養成などの充実につながることを期待します。特別支援教育に携わる教師が、各障害分野の基本を身に付け、日々の授業に安心感と充実感をもって取り組み、その結果として、子どものよりよい学びにつながることを願います。そして、それぞれの学校において、実践に悩みや戸惑いを覚える教師の背中をそっと支えるエッセンスになればと考えます。

最後になりましたが、このエッセンスの出版に際して援助いただきました慶應義塾大学出版会、また企画から編集まで幅広く支援していただいた慶應義塾大学出版会の故西岡利延子氏、そして関係する出版会スタッフの方々に心から感謝申し上げます。

2022 年 11 月

宍戸和成・古川勝也・徳永　豊

はじめに

「特別支援教育の基本とエッセンス」のシリーズの一冊として「聴覚障害教育の基本と実践」を刊行することになりました。

特別支援教育を取り巻く状況の変化は著しく、小学校・中学校等に在学する児童生徒数の減少が進む一方で、特別支援学校や特別支援学級等に在籍する子どもの数は増加傾向にあります。

こうした中で、特別支援学校おける教員の確保や障害特性に応じた指導力の向上が課題となっています。聴覚障害のある子どもの指導を担う特別支援学校（以下、聾学校とします）においても、他障害の学校から聾学校に赴任された先生や聾学校での教育経験の浅い先生が多くなってきております。

そこで、私たちはこうした方々に聾教育や難聴教育に意欲をもって取り組んでいただくための一助となることを期待して、本書を編集することにしました。

それぞれの先生方には、これまでの教員経験などを生かしつつ、目の前の子どもをどのように工夫して指導すればよいかについて、様々な機会を通して、主体的に学んでいって欲しいと期待します。

担任した当初は、試行錯誤の連続だと思いますが、それは、誰もが辿ってきた道でもあります。日々の授業を繰り返していく中で、いろいろな悩みが生じることと思われます。そうした時には、その悩みについて自ら掘り下げて「考えること」、そして、同僚や書物との語らいの中で指導の方向性について「気付くこと」、さらには、自分なりに地道に「実践してみること」が大切です。

そして、自らの指導を「振り返り」つつ、新たに授業の「改善に取り組むこと」にチャレンジしてください。

こうしたPDCAサイクル（Plan, Do, Check, Action）に基づく授業づくりに取り組むために、本書がそのきっかけとなることを期待しています。

本書においては、私たちが長年、聾学校や難聴特殊学級、研究機関等で子どもたちに関わり実際に試行錯誤しつつ、その可能性を伸ばすために取り組んできた事例などを具体的に紹介するよう努めました。今、悩んでいることと全く同じではないかもしれませんが、自分の課題に結び付けて、子どもの思いなどを想像するとともに、新たな教材や指導の在り方を創造しながら、日々の実践に取り組んでいただければ幸いです。

2022年11月

宍戸和成・原田公人・庄司美千代

目　次

第1章 聴覚障害教育の歴史と現状

1 聾教育の嚆矢(こうし)期から学ぶこと

聴覚障害教育は、以前は聾(ろう)教育と呼ばれていました。

その始まりは、1878（明治11）年の京都盲唖院の開業とされています。そこから数えて、2022（令和4）年で140年余りとなります。その間、様々な出来事が生じるなかで、聾教育は発展してきました。それを順に追っていくことでも学びがありますが、ここでは、今日、聴覚障害特別支援学校（以下、聾学校）や難聴特別支援学級等に赴任したばかりで、まだ聾教育に馴染みの薄い方に、聾教育の歴史を通して、この教育に興味をもってもらえるように、話題となる人物を選んで、エピソードを紹介しようと思います。その一人ひとりがどのように聾教育に興味をもち、自分の仕事として、聞こえにくい子どもの教育に臨んだのかを考えてほしいと思います。結局、「教育は、人と人との関わり合いであること」に気がついていただければ幸いです。

(1) 京都盲唖院と楽善会訓盲院

1）長州ファイブ

江戸時代の終わり頃、日本は、激動の時代にありました。それは、歴史に関わる書物を繙(ひもと)けば一目瞭然です。新しい時代を夢見る若者が、自分の意思で、外国に学びを求めて出かけて行きました。

そんななかで、長州藩の若者5人が、密かに江戸幕府の目を逃れて、欧州へ留学しました。それが「長州ファイブ」として、語られています[1)]。

その５人のうちの一人が、山尾庸三であり、帰国後は、我が国の近代化に尽力しました。後には、「工学の父」とも呼ばれました。しかし、私たちにとって大事なことは、彼が、盲啞学校の設立にも尽力したということです。1871（明治4）年に、時の政府に建白書を出しています。それがきっかけとなり、楽善会訓盲院が、1880年に開業しています。

山尾庸三は、英国のグラスゴーの造船所で見た聾啞者の仕事ぶりに驚き、教育の大切さに気づいたといわれています。

気づきと関わり、それが盲啞教育の出発点であったことに鑑みると、今でも、子どもから学ぶことの大切さを教えてくれていると考えられます。これからの聾学校等での教育にも生かせそうです。

2）京都盲啞院の開業

1878（明治11）年、私立学校として、京都盲啞院が開業されました。後の京都府立盲学校と京都府立聾学校の前身にあたります。その京都盲啞院の開業に尽力したのは、古河太四郎（1845–1907）です。『特殊教育百年史』によれば、これが、我が国の特殊教育の始まりとされています[2)]。

古河太四郎の教育方法については、「瘖啞生教授手順概略」によれば、手勢法や発音発語、書取りなどが取り入れられたと記されています。さらに詳しくたどってみることも面白いと思われます。

同じ頃、東京では前述した楽善会訓盲院が、1880（明治13）年に開設されました。のちに訓盲啞院になり、文部省直轄の学校となりました。その後、1887年に東京盲啞学校に改称しています。これが、現在の筑波大学附属視覚特別支援学校と同聴覚特別支援学校にあたります。

（2）石川倉次と日用単語

今日、聾学校に着任した先生方の中には、聾学校には、幼稚部から高等部まで設置されていることにお気づきの方もおられると思います。また、幼稚部以前には、教育相談として、生後間もない聴覚障害乳幼児が、保護者と一緒に、定期的に聾学校に通ってくる場面に出くわすこともあります。さらに、高等部本科（3年の課程）の上に、高等部専攻科が設置されていることにも気がつかれると思います。

このように幼児期から青年期にかけて、聞こえにくい子どもの教育を長期間にわたり行う場が聾学校であるといえます。

また、聾学校では、「言語指導」と「職業教育」が重要であるという話を聞いたことがあると思います。先生方の中には、日々、教科指導をどのように行えばよいかに悩まれる方もいると思われます。こうした聾教育の悩みについて考える際には、石川倉次（1859–1944）がまとめた「日用単語」という基礎語彙集に記されたことばが参考になります。

なお、石川倉次は、盲教育においても重要な足跡を残しています。盲教育の世界では、「日本点字の父」と呼ばれることもあります。その名の通り、日本の点字を開発した先駆者として名を残しています。石川が点字の開発に力を尽くしたこと、一方、聾教育においては、基礎語彙集をまとめたということ、この2つのことは、盲学校と聾学校の元々の姿に由来します。それは、「京都盲唖院」について前述したことからも推察できます。

日本の特殊教育の始まりといえるこの学校は、「盲唖院」と称し、盲の子どもと聾唖の子どもの両方を入学させ、教育を行っていました。当初は、盲唖院から盲唖学校へと名前が推移し、その後、大正時代に盲学校と聾唖学校に分離します。それは、障害の状態により、指導法が異なるということから、別々に設置して、それぞれに必要な専門的な指導を行う必要があるということです。障害の状態が異なるゆえ、当然の流れであろうと考えられます。

さて、石川倉次は、はじめ、盲児の指導に尽力し、点字の開発などを行いましたが、その後、聾唖児の指導を担当するようになりました。そこで、耳の不自由な子どもたちにことばを教えるために、取りまとめたのが基礎語彙集である「日用単語」です。その前書きに、聾の子どもたちの気持ちを代弁した文章が載せられています。これは、明治時代の話ではありますが、今日の聴覚障害がある子どもたちへの指導においても、敷衍して考えなければいけないことを示唆しています。それが、資料1–1の上です。

直筆の資料は、漢字にカタカナ交じりの文章です。出典は、『東京教育大学附属聾学校の教育――その百年の歴史』です[3)]。現在の筑波大学附属聴覚特別支援学校の百年史にあたります。達筆ゆえ読みにくいので、打ち直したものが、資料1–1の下です。

資料１－１　「唖生ノ希望」（「日用単語」1889 年、１頁目）

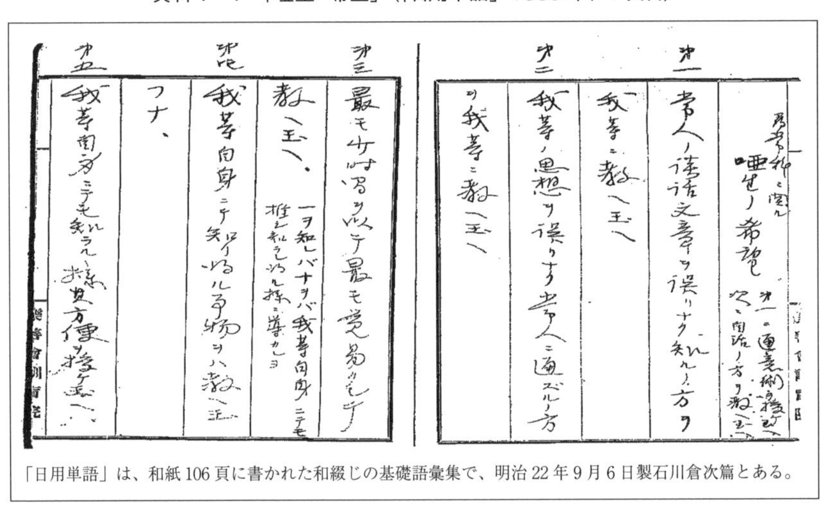

「日用単語」は、和紙 106 頁に書かれた和綴じの基礎語彙集で、明治 22 年 9 月 6 日製石川倉次篇とある。

尋常科ニ関ル

唖生ノ希望

第一ニ　通ヲ授ケ玉ヘ
次ニ　自活ノ方ヲ教ヘ玉ヘ

第一　常人ノ談話文章ヲ　誤リナク知ルノ方ヲ
我等ニ　教ヘ玉ヘ

第二　我等ノ思想ヲ　誤リナク常人ニ通ズルノ方ヲ
我等ニ　教ヘ玉ヘ

第三　最モ少時間ヲ以テ　最モ覚易クシテ
教ヘ玉ヘ
一ヲ知レバ　十ヲバ　我等自身ニテモ
推シ知ラレ得ル様ニ　導カレヨ

第四　我等自身ニテ　知リ得ル事物ヲハ　教ヘ玉フナ

第五　我等自身ニテモ　知ラルル様　其方便ヲ授ケ玉ヘ

「日用単語」の一頁目に記載されている。

出典：文献 3）より。

「唖生」というのは、今でいう聴覚障害児のことです。当時は、補聴器などありませんから、もしその子どもが黙っていたら、聴覚障害であることはわかりません。そこで話をさせると、聴覚障害ゆえ、なかなか通常のように話ができにくいということで、唖児、唖生という表現を用いたものと推察されます（唖：言語を発声できないこと［広辞苑より］)。こうした聴覚障害のある生徒が希望することは何か、それは、まずもって、通意術、すなわち、相手と意思疎通（コミュニケーション）のできる技術を身につけさせてほしいということ、また、社会に出て、自立して生活していけるように、手に技術（職）を身につけさせてほしいこと、すなわち、職業教育を行ってほしいということを述べています。

左に引用した「唖生の希望」は、5つあります。

第1は、周りの人たちが話したり、書いたりしていることを自分たちが正確に理解する方法を教えてほしいということです。現在でも、同様のことがいえると思われます。

第2は、第1の逆の立場になります。自分たちが考えていることを周囲の人たちに正確に伝える方法を身につけさせてほしいということになります。これら2つを合わせて考えると、聞こえにくい人が周囲の人とコミュニケーションをするための言語の習得が、聾教育の大切な指導内容になるといえます。

第3では、ことばは身の回りに数え切れないほどたくさんあることから、それらをひとつひとつ教えてもらうと、時間がいくらあっても足りないということになります。そのため、少ない時間で効率的に教えてほしいということになります。具体的には、ひとつわかれば、それを基に自分でさらにことばを獲得していけるように教えてほしい、と述べています。今でいう、自学自習にも結びつくことと考えられます。

第4では、第3との関連で、自分自身で見ることのできる事柄については教えてくれなくてもいいので、聞こえにくいことによって、気がつきにくいことをていねいに教えてほしい、と受けとめることができます。

そして、第5です。いつも教えてもらうだけでなく、自分から知ることができるよう、その方法を身につけさせてほしいということになります。

現代でも、このことは通用します。知識ばかりを教えるのではなく、なぜそのように考えるか、あるいは、どうやったら身につけることができるかなどと、方法知を大切にした指導法の追求につながると考えられます。

2022（令和4）年現在、特別支援学校等では2017（平成29年）に改訂された特別支援学校幼稚部教育要領や小学部・中学部学習指導要領などに基づいて教育が行われています。その改訂の際には、「主体的・対話的で深い学び」が提唱されました。対話的な学びについては、人と人との対話はもちろんのこと、本を読んでそこから読み取ることも対話の例として説明されています。そうした意味で、私たちは、聾教育の歴史の中から、書物などを通して、先人の意図や苦労を知り、それを今の聾教育にどのように生かすかが大切であると考えます。

その一例として、日用単語を通して、石川倉次が何を希求していたのか、それは現在の聾教育（聴覚障害教育）や難聴教育、そして特別支援教育とどのように関連するのかを考えてみたいものです。まさに温故知新かもしれません。

2 大正から昭和へ

(1) 盲聾分離

1898（明治31）年に、電話機などの発明で有名なグラハム・ベル（Alexander Graham Bell 1847–1922）が来日し、聾教育について各地で講演をしました。そこで提言された内容は、①聾唖学校の教員養成機関の設置、②各府県に盲教育と聾教育の学校をそれぞれ分離して設置、③盲・聾教育啓蒙の協会の設置、④口話方式の採用、⑤聾者の社会的地位の向上と社会の理解などでした。

グラハム・ベルの提言を機に、口話法への関心が高まりました。そして、1923（大正12）年に「盲学校及聾唖学校令」が公布され、聾教育は、聾唖学校において実践されることになりました。

その後、日本聾口話普及会が作られるなどして、口話法の普及が図られるようになりました。1929（昭和4）年に、文部省（当時）は聾唖学校用の教科書の編集を行い、『国語初歩』を日本聾口話普及会から発行しました。これが、現在も著作教科書として発行されている『特別支援学校小学部聴覚障害者用国語（言語指導）』などの前身になります。

また、1937（昭和12）年には、ヘレン・ケラーが来日し、いくつかの学校で講演などを行いました。この結果、我が国の盲・聾唖教育に対する世間の関心を高めることとなり、多くの人の理解を促すきっかけとなりました。

（2）手話か口話か

前節で、聾教育においては言語指導と職業教育が求められたと述べましたが、そうした教育を進めていくためには、教師と子どもとのコミュニケーションが必要になります。コミュニケーションを進めていくための方法として、どのようなやり方がいいか、筆談がいいのか、手話がいいのか、あるいは、聞こえる人と同じように口話（話しことば）がいいのかなどについては、聾教育の嚆矢（こうし）以来、この教育の関係者の間で侃々諤々（かんかんがくがく）の議論が行われてきました。こうした事柄について考える際は、聾教育の流れの中で、その時代背景なども踏まえつつ、折々にどんなことがあったのか、なぜそうなったのかなどを考えていくことが大切です。

今、学校現場で悩んでいることは、先人も悩み、実践を通して考えたり、科学の進歩等に応じて、折々に工夫し、苦労したりしながら、聾教育の歩みを続けてきたといえます。

大正時代から昭和の初めにかけて、盲唖学校では口話がいいのか、手話がいいのかで論争がありました。その例として取り上げられるのが、大阪聾口話学校（後の大阪府立聾学校）の加藤亨校長と大阪市立校（後の大阪市立聾学校）の高橋潔校長との関わりでした。

川渕依子著の『指骨』[4)] などを参考にして、山本おさむ氏が『わが指のオーケストラ』として、当時の様子を漫画として描いています。コミュニケーション方法を考えたり、教育のあり方を追究したりするきっかけとして、目を通してみてはどうかと思います。

また、当時の出来事として、行政的に口話法を支持したということで、1933（昭和8）年の第3回全国盲唖学校長会議での鳩山一郎文部大臣の訓示が取り上げられます。

一方では、口話法に偏り過ぎたということで、1938（昭和13）年の全国盲唖学校長会議では、荒木貞夫文部大臣が、「これに熱心なあまり口話法に適せざる者にも、これを強いたために、却って教育の効果を阻害することのないよう、適当なる省察を加えられんことを希望します」という訓示をしたことにも留意したいものです。

こうして、手話か口話かに係る議論が続きましたが、各盲啞学校においては、言語指導法の開発にも努めました。例えば、「生活の言語化」と「言語の生活化」のいずれかについての議論などもありました。こうした流れをたどってみることも、今日の言語指導法を考えるうえで、参考になると思われます。

3 昭和から平成へ

(1) 聾学校の義務制施行

1947（昭和22）年に公布された学校教育法において、我が国の六・三制義務教育制度が位置づけられました。特殊教育も小学校や中学校の教育と同様に、一般の学校教育の一環をなすものとされたことに大きな意義があります。この法律において、聾啞学校は、聾学校となりました。ここにも、聾教育関係者の思いが見て取れます。

1948（昭和23）年に、養護学校に先駆けて、盲学校と聾学校の就学義務が保護者に課され、義務制が学年進行により施行されました。どうして、戦後間もない頃に就学義務制が実現したのでしょうか。それは、1878（明治11年）から始まった盲啞教育の財産によるものです。学校施設があること、教員がいること、また、養護学校ほど対象となる子どもの数が多くないこと、保護者の教育に対する熱意などが影響したものと考えられます。

盲学校や聾学校の就学義務制が学年進行で実施されたことから、中学部までの義務制が完成したのは、1956（昭和31）年度になります。

義務制になったとはいえ、まだまだ社会情勢は落ち着いておらず、各地域で、聾学校の先生が家庭訪問を繰り返しながら、子どもたちに学校に来てもらえるよう保護者に働きかけたということを先輩の先生から伺いました。地道な努力があったものと推察されます。

文部省が作成した『特殊教育百年史』などの資料によれば、聾学校の在学者は、1959（昭和34）年度に20,744人を数え、その後は、減少傾向をたどることになります。この年が一番多かったことになります。

当時は、まだ、的確に子どもの聴覚障害の有無を調べる方法も確立しておらず、結果的に知的障害であったと思われる子どもも、聾学校に在学していたというような話も、後で耳にしました。

聴覚障害教育に関しては、聾学校での実践等がその充実や発展を支える基盤になりました。それが、聾教育研究会からの『ろう教育』（一時、『聾教育』という名称も使用）という月刊誌の発行に結びつきました。バックナンバーを繙きながら、当時の背景を想像しつつ、今、そしてこれからの聾教育を創造してほしいものです。

(2) 人はカリキュラムなり

東京教育大学附属聾学校の校長であった萩原浅五郎先生（1908–1968）は、『特殊教育』（『ろう教育』誌の前身）」という機関誌において、当時の聾教育に関する話題を独自の視点で述べていました。そのひとつが1955（昭和30）年4月発行の第50号の巻頭言として掲載された「人はカリキュラムなり」です[5)]（資料1－2）。なお、1951（昭和26）年に「聾学校教育課程小学部編」という学習指導要領が青鳥会から発行されましたが、正式なものではありませんでした。また、その頃は小学校等の学習指導要領が改訂作業中であったことから、盲学校や聾学校の学習指導要領も作成途上であり、広く普及することはなかったようです。

こうしたことから、1955（昭和30）年当時の聾学校の学習指導要領は、小学校学習指導要領の「換骨奪胎」であるとの表現もみられます。

その後、ようやく聾学校の学習指導要領ができたのは、1957年になります。こうした経緯の中でも、人、つまり教師のあり方が大切であるとの萩原校長の指摘は、今にも通ずるものであると考えることができます。人がカリキュラムであるということは、結果として、人、つまり教員養成が大切であることにつながります。

今も昔も、教員養成が聾教育の今後を占う鍵となることから、大学での養成、そして地方自治体による採用、さらには学校現場での研修が重要になり資料１－２　萩原浅五郎「人はカリキュラムなり」

人はカリキュラムなり

東京教育大学附属聾学校長　萩原浅五郎

人はカリキュラムなり。そしてそれを最もよく具現したのは吉田松蔭であろうか。

現今教育科学の進みつつある方向は、精密な科学としての道であって、カリキュラムも学習指導も exact sciences という立場で考えられねばならない。

戦後十年の月日を経た今日の聾教育には、強固な教育科学の上に立ったカリキュラムも、学習指導要領も未だ生れ出ていない。

今あるものは、普通教育におけるそれの換骨奪胎の域を脱していないものであるかも知れない。

教育科学の立場からする、カリキュラム編成のための基礎的な研究は、着々進められつつあるものの、未だそれを精密に組立てるまでには至っていないのが現実の段階であって、人がカリキュラムなりと断ぜざるを得ないのが、この教育の現状ではなかろうか。

人がカリキュラムであるという厳たる事実、これが exact sciences を目指してのカリキュラム研究の成果によって、置換えられるのは果していつの日であろうか。

だが、いつかこの日が来たときにも、教育が人であることには変りはない。

やはり人を作ることがまず先である。人として成ることがまず先である。

そんな人でわれわれはありたい。

出典：文献5）より。

ます。研修については、自己研修が基本と考えます。その意味で、目の前の子どもを頭に浮かべながら、授業ができることを目指した聾教育の専門性の習得に努めることが必要です。聾教育の専門性については、これまで、様々な視点から考えられてきました。歴史を振り返ってみることは、こうしたことにも役に立つものと思われます。

(3) 対応の教育や九歳レベルの壁

『ろう教育』誌の巻頭言では、当時の聾教育関係者によって、様々な話題提供がなされています。「『聴覚障害』誌総目次」などを参照して振り返り、考える機会にしてほしいと思います。

昭和 38（1963）年 8 月号の岩城謙先生による論説「基礎と対応」[6]、同 42（1967）年 10 月号の萩原校長による「変容現象」[7]、同年 11 月号の「聴能障害児」[8] などの提言も、今日の聾教育において、教科指導を支える言葉の力や基礎学力の習得の難しさ等を考える際に、ひとつの指針を与えてくれるものと思われます。

昭和39（1964）年7月号の『ろう教育』誌では、今月の言葉で萩原校長が「九歳レベルの峠」について触れています[9]。聾児の学力が9歳以降、なかなか伸びにくいという指摘です。このことについては、後々、「九歳レベルの壁」という言葉でも取り上げられ、聾教育の課題として引き継がれ、その解決策を求めて聾学校の先生方が実践に取り組んできているところです。

『ろう教育』誌は、一時期『聾教育』となったりしましたが、昭和46（1971）年の4月号からは、『聴覚障害』と名称が変更されました。この冊子は、月刊誌として、聾学校での実践を中心に編集されました。難聴特殊学級に関わる内容も盛り込まれ、乳児期から成年期までの聴覚障害者の様々な話題が取り上げられています。それらを今日の課題と結びつけながら振り返り、日々の実践に生かしていくこともできると考えます。

一方、昭和34（1959）年3月には、ろう教育科学会が発足し、同年6月に『ろう教育科学』第1巻第1号が発行されました。京都大学等の関係者を中心にして、学術的な事柄も盛り込みつつ編集がなされました。こちらのバックナンバーも参考にして、聴覚障害教育を追究したいものです。

（4）生徒の意思表明とインテグレーション

1964（昭和39）年の出来事です。日本に復帰する前の沖縄では、風疹が大流行しました。すると、翌年、その影響で大勢の聴覚障害のある子どもが生まれました。

その子どもたちが小学部に上がり、中学部を経て高等部に入学する頃、沖縄県立北城（きたしろ）ろう学校が設置されました。そこに入学した生徒たちから、部活動として硬式野球をやりたいという希望が出され、野球部としての練習が始まりました。公式に大会に参加することはなかなか認められませんでしたが、高野連の尽力で、1982（昭和57）年沖縄県大会に試験的に参加することが叶いました。聾学校の硬式野球チームが、初めて他の高校の生徒と試合をすることになりました。こうした経緯をまとめた本が1987年に出版されました。戸部良也著の『遥かなる甲子園』[10]です。それを原作として、漫画化されたり映画化されたりしました。

映画では、聴覚障害のある高等部生徒と耳の聞こえる俳優が共演しています。

また、『続　遥かなる甲子園』も刊行されています[11]。書名の副題は「社会へ羽ばたいたその後の球児たち」となっています。当時の高等部卒業生の自立や社会参加について考える貴重な資料になります。

『聴覚障害』誌は、当時月刊誌でした。聾教育研究会が編集を担当し、聾学校等の関係者から原稿を集めて発行していました。聾学校等学校現場での実践が掲載されることが多く、授業のあり方に悩む場合には、バックナンバーを繙いてみると役に立ちます。なお、現在は、出版社も変わり、季刊誌になっています。

昭和40年代（1965～74年）、聾教育においては、聴覚障害のある子どもが幼稚部でことばの指導を受けたり、小学部で基礎的な学習をしたりした後、小・中学校へ入学したり、転校したりして学ぶという、インテグレーションの試みが行われました。こうした取組みについても、特集を組んで情報提供しています。1970年の『ろう教育』1月号、1972年の『聴覚障害』12月号などです。1976年の『聴覚障害』3月号では、インテグレーションをした子どもが大きくなってから、小学生時代などを振り返って書いた手記が載っています。

インテグレーションの試みは、今日のインクルーシブ教育システムの推進とは異なりますが、聞こえにくい子どもの可能性を追求するという意味で、いくつかの聾学校において取り組まれていました。

(5)『特殊教育百年史』と「虎ノ門談話室」

文部省においては、1956（昭和31）年に初等中等教育局に特殊教育課が設けられ、特殊教育の振興に寄与することになりました。それに合わせて、1973（昭和48）年から季刊誌として、『特殊教育』誌が刊行されました。創刊号では、当時の奥野誠亮文部大臣が、「（この）小冊子がわが国における特殊教育の発展に役立つことを心から念願して（います）」と述べています。

文部省は、1878（明治11）年から始まった特殊教育が100周年を迎えるということで、1979（昭和54）年に『特殊教育百年史』を刊行しました[2]。本書は、教育制度の進展に伴う行政的な背景を知る手がかりとなります。本書を通して折々の事実を知ることに留まらず、「なぜ、こんなふうに変わったのか？」を考えたいものです。

この『特殊教育』誌については、1983（昭和58）年のNo.39から、コラム欄として、「虎ノ門談話室」というコーナーが設けられました。特殊教育課の教科調査官が交代で執筆していました。当時、聴覚障害教育を担当していた渡邉研教科調査官のコラムである、No.40の「通勤の途中で」やNo.42の「灯」、No.44の「月のうさぎと引力と」、No.47の「メジャーを育てる」、No.49の「9歳レベルの壁」、No.55の「聾学校教育と二者択一的思考傾向について」[12)]などは、今、読み返してみても、聾教育を考える際の大切な視点に気づかされます。ぜひ、目を通して、これからの聾教育を考えるきっかけにしてください。

(6)「通級による指導」の施行

1993（平成5）年1月に、学校教育法施行規則の改正により、「通級による指導」が施行されました。このことは、戦後、盲・聾・養護学校の整備が進み、障害の重い子どもたちへの教育制度が確立してきたこと、あわせて、小・中学校に設置される難聴特殊学級の整備も進んできたことなどを背景として、新たな制度創設への取組みが始まったことを意味しています。つまり、小学校等の通常の学級に在籍している障害の程度がより軽度な子どもたちへの支援が、教育制度上の課題として認識されるようになったことを表しています。

当時の通級による指導においては、小学校等の通常の学級に在籍している軽度の難聴の子どもたちが、必要に応じて、いわゆる通級指導教室に通い、週に3単位時間程度、ことばの指導や聞き取りの指導などを受けることができました。これを通級による指導と呼び、当時は、特に言語障害の子どもたちに対して、多く実施されました。

4 令和の今とこれから

(1) 障害者の権利に関する条約の批准

2006（平成18）年の通常国会において、学校教育法の一部改正が行われ、「特殊教育」が「特別支援教育」に変わりました。これを受けて、翌2007年度から特別支援教育制度が施行されました。

これには、国連総会で2006年12月に採択され、2008（平成20）年5月に発効した「障害者の権利に関する条約」（以下、障害者権利条約）の影響があります。我が国は、障害者権利条約の内容に鑑み、国内の様々な法律を整備してから、本条約を批准するという考えでした。

そのため、教育においても、学校教育法等の整備を行う必要に迫られました。文部科学省は、2008年7月に中央教育審議会初等中等教育分科会に審議要請を行いました。そして、その下に「特別支援教育の在り方に関する特別委員会」を設置するとともに、同年8月に設置された「特別支援教育の推進に関する調査研究協力者会議」で検討を進めました。2010年12月に同委員会は、論点整理として中間まとめを行い、2012年7月に、同分科会は、「共生社会の形成に向けたインクルーシブ教育システム構築のための特別支援教育の推進（報告）」を提言しています。

こうした経緯の中で、2006年に教育基本法や学校教育法等が改正され、それを踏まえて、学習指導要領等の改訂作業を進め、その後、平成26年1月に、我が国も障害者権利条約を批准しました。そこで掲げられたインクルーシブ教育システムを構築していくためには、特別支援教育を推進するという考えの下、様々な施策の推進が図られました。

特殊教育から特別支援教育への移行を考える際には、教育制度としての視点も大切ですが、一方で、学校現場で子どもを指導するという視点を忘れてはなりません。特殊教育における個々の子どもに即した指導の追求は、特別支援教育においても変わらないものです。個に応じた指導が、それぞれの特徴であるともいえます。文部省の『特殊教育』という機関誌は、『特別支援教育』と名称変更して、継続して発行されました。

(2) 個に応じた指導と大村はま

2005（平成17）年、当時文科省に勤務していた筆者は『特別支援教育』第18号を企画編集する機会がありました。『教えるということ』という本の著者でもあり、戦後の国語教育の実践者かつ研究者であった大村はま先生（1906–2005）に、巻頭言を書いてもらおうということになり、伝手をたどり執筆をお願いしたところ、高齢につきインタビューにしてほしい、との申し出がありました。先生の住まいを訪ね、思い出深い子どもへの指導についてインタビューをさせていただき、その後、それを書き起こした文章を届け、加筆修正をしてもらうことになりました。そのときに、返送されてきたものが、「優劣のかなたに」の詩です[13]（資料1－3）。

それとあわせて、大村先生が亡くなられたという訃報も届きました。この

資料1－3　大村はま「優劣のかなたに」

優劣のかなたに

大村　はま

優か劣か
そんなことが話題になる、
そんなすきまのない
つきつめた姿。
持てるものを
持たせられたものを
出し切り
生かし切っている、
そんな姿こそ。

優か劣か、
自分はいわゆるできる子なのか、
できない子なのか、
そんなことを
教師も子どもも
しばし忘れて
学びひたり
教えひたっている、
そんな世界を
見つめてきた。

学びひたり
教えひたる、
それは　優劣のかなた。
ほんとうに　持っているもの
授かっているものを出し切って、

打ち込んで学ぶ。
優劣を論じあい
気にしあう世界ではない、
優劣を忘れて
ひたすらな心で　ひたすらに励む。

今は　できるできないを
気にしすぎて、
持っているものが
出し切れていないのではないか。
授かっているものが
生かし切れていないのではないか。

成績をつけなければ、
合格者をきめなければ、
それはそうだとしても、
それだけの世界。
教師も子どもも
優劣のなかで
あえいでいる。

学びひたり
教えひたろう
優劣のかなたで。

出典：文献13）より。

詩には、大村先生の教育にかける思いが込められています。障害の有無や成績のよしあしにかかわらず、学ぼうとする子どもの思いに寄り添いながら、その学びを適切に道案内してあげる教師の姿が描かれているように思います。

個に応じた指導は、よく耳にすることばです。当たり前のことと思われるかもしれませんが、これが当たり前のように受けとめられるまでには、紆余曲折がありました。そして、これは、特別支援教育が、特殊教育の時代から引き継いできた貴重な財産でもあると考えます。

一人ひとり、子どもの実態は異なります。そうなると、それぞれに応じた学びのプロセスがあって当然です。山登りにたとえれば、直登する人もいれば、回り道をしながら登る人もいます。速いスピードで登る人もいれば、のんびり休み休み登る人もいます。このように学びのプロセスは、一人ひとり違っているものです。しかし、目標は同じであると考える必要があります。様々な教材を見つけ、それを工夫改善して、実践的に教育を創造された大村先生の足跡をたどってみることで、特別支援教育にもつながる視点を見つけることができるかもしれません。ぜひ、この詩を読みながら、目の前の子どもに対する指導のあり方を考えてほしいと期待します。

(3) 自分なりの年表づくり

これまでの自分の経験を踏まえて、学習指導要領等の変遷について自分なりの年表を作成してみました。表1－1がそれにあたります

読者一人ひとりが、自分の興味・関心に応じて、聾教育や特殊教育等の歴史を振り返りつつ、年表を作ってみると、面白いと思います。

表中、右の欄に思いつく疑問を書き出してみました。年表を眺める際には、いつ、何があったのかを知識として得ることも大切ですが、もっと大事にしたいことは、考えることです。子どもに考えさせることを指導するのであれば、まずは教師自身が主体的に考えることが必要です。人それぞれ、興味・関心が異なりますから、それに従って、疑問に真摯に向かい、その結果を同僚等と議論することが大切です。

例えば、2003（平成15）年に、数年前に改訂されたばかりの学習指導要領の一部改正が行われたのはなぜでしょう。学習指導要領を直に眺めたり、文

表１－１　特別支援学校小学部・中学部学習指導要領　改訂の変遷

改訂年	対象	疑問
平成 11 年 (1999)	盲学校・聾学校及び養護学校幼稚部教育要領　改訂 盲学校・聾学校及び養護学校小学部・中学部学習指導要領　改訂 盲学校・聾学校及び養護学校高等部学習指導要領　改訂	○なぜ、3つまとめて改訂されたのか？
平成 15 年 (2003)	盲学校・聾学校及び養護学校小学部・中学部学習指導要領　一部改正 盲学校・聾学校及び養護学校高等部学習指導要領　一部改正	○なぜ、改訂されたばかりなのに一部改正が行われたのか？
平成 21 年 (2009)	特別支援学校幼稚部教育要領　改訂 特別支援学校小学部・中学部学習指導要領　改訂 特別支援学校高等部学習指導要領　改訂	○なぜ、「特別支援学校」になったのか？
平成 27 年 (2015)	特別支援学校小学部・中学部学習指導要領　一部改正	○なぜ、また一部改正が行われたのか？
平成 29 年 (2017)	特別支援学校幼稚部教育要領　改訂 特別支援学校小学部・中学部学習指導要領　改訂	○高等部と分けて、幼稚部と小・中学部だけ、告示したのは、なぜか？
平成 31 年 (2019)	特別支援学校高等部学習指導要領　改訂	○高等部だけ、改訂が遅れたのはなぜか？

出典：筆者作成。

部科学省のホームページで調べたりすることが必要です。そうすると、当時の教育を取り巻く状況がわかると思われます。

同様に、2015（平成 27）年にも一部改正が行われています。こちらは、小・中学部の学習指導要領のみです。なぜ、高等部学習指導要領は改正しなくてもよかったのでしょうか。こんなことも新たな疑問として生じます。こうしたことが、今求められている考える力なのかもしれません。自分なりに疑問（知りたいこと）を見つけ、それを解くための方策を自分で探し、考えていく道筋が大切です。これが、もしかすると、複雑な社会で生き抜いていくための知恵なのかもしれません。「主体的・対話的で深い学び」は、こんなふうに噛み砕いて考えてみることで、イメージが浮かび、理解に近づくことができるものです。

さらに、「特別支援学校と名称が変更されたのはなぜか？」を考えてみることも面白いと思われます。すると、障害者権利条約との関連などに気がつくことになります。あわせて、基礎的環境整備や合理的配慮などの新しい概念にたどりつくことができます。これが考えることの面白さです。

もうひとつ、私の経験で思い出したことを述べてみます。

1999（平成11）年の改訂では、「なぜ、三つまとめて改訂されたのか？」という気づきが書いてあります。実は、これには、盲・聾・養護学校だけでなく、小学校等の改訂とも関連します。同年には、小・中学校と盲・聾・養護学校小・中学部の学習指導要領の改訂が同時に行われました。なぜでしょう。当時、学校週五日制へ移行しようとする動きがあったからです。例えば、学校週五日制が、盲・聾・養護学校だけ後回しになるわけにはいきません。それで、当時の教育課程審議会では、幼稚園と小・中・高等学校、そして盲・聾・養護学校の関係者が同じテーブルについて審議が進められました。それまでは、小・中・高の学習指導要領が固まってから、盲・聾・養護学校の学習指導要領の審議が行われました。そうなると、相互の意見を交流する機会は、実際的にはないといってもいい状態でした。学校週五日制の実施は、こんな副産物を生みました。小・中・高と盲・聾・養護学校の関係者が同じテーブルで情報交換をするという前例は踏襲され、2008～09年、そして2017年の改訂でも、中教審には、小学校と特別支援学校が同時諮問、そして同時答申ということになりました。その結果、2017年の改訂で、小学校等の学習指導要領の各教科等の指導上の配慮事項に、困難さへの対応策が盛り込まれることとなりました。

このように、年表を通してその背景を考えることで、折々の特別支援教育を取り巻く状況が推察されるものです。年表づくりの取組みを通じて、結果として、一人ひとりの先生方が、聾教育について歴史から学び、目の前の子どもたちの指導に結びつくヒントを得ることを期待します。

まとめとして、聾教育は、1878（明治11）年の開始から様々な紆余曲折を経て、今があります。時に、手話か口話かで激しい議論をした歴史もありますが、いずれも、それは、子どもの可能性を追求する営みの結果であったように思います。

例えば、こんなふうに受けとめることもできます。二者択一的に、いずれがよいかと考えるだけでなく、子どもに即して何がよいかを考えることが大切であるということです。

これは、「指導法に子どもを合わせること」ではなく、「子どもに指導法を合わせること」と考えることができます。聾教育の財産として、これからの変化の激しい時代に生きる聴覚障害のある子どもたちのため、その可能性を最大限に伸ばす指導のあり方を、これからの先生方には、地道に考えていってほしいと期待します。

引用・参考文献

1) 桜井俊彰（2020）『長州ファイブ――サムライたちの倫敦』集英社新書。
2) 文部省（1979）『特殊教育百年史』東洋館出版社。
3) 東京教育大学附属聾学校編（1975）『東京教育大学附属聾学校の教育――その百年の歴史』東京教育大学附属聾学校。
4) 川渕依子（2013）『指骨』福祉工房 P&P。
5) 萩原浅五郎（1955）「人はカリキュラムなり」、『特殊教育』第 50 号。
6) 岩城謙（1963）「基礎と対応」、『ろう教育』8 月号。
7) 萩原浅五郎（1967）「変容現象」、『ろう教育』10 月号。
8) 萩原浅五郎（1967）「聴能障害児」、『ろう教育』11 月号。
9) 萩原浅五郎（1964）「九歳レベルの峠」、『ろう教育』7 月号。
10) 戸部良也（1987）『青春の記録　遥かなる甲子園――聞こえぬ球音に賭けた 16 人』双葉社。
11) 戸部良也（1990）『続　遥かなる甲子園――社会に羽ばたいたその後の球児たち』双葉社。
12) 渡邉研（1988）「聾学校教育と二者択一的思考傾向について」、『特殊教育』No.55。
13) 大村はま（2005）「優劣のかなたに」、『特別支援教育』第 18 号。

（宍戸和成）

第2章

聴覚障害がある子どもの特性と理解

聴覚障害を指して、聾や難聴、つまり「耳が聞こえない」や「耳が聞こえにくい」状態といわれますが、具体的にはどのようなことなのか？　また、聾学校や難聴特別支援学級に在籍する多くの子どもは、補聴器や人工内耳を装用しているが、実際にはどのように聞こえているか？　といった感想や疑問を抱くことがあるのではないでしょうか。

本章では、まず聞こえの仕組みを知り、聴覚障害児の聞こえの問題から派生する事柄について考えます。

1　聞こえの仕組み

(1) 耳の構造と難聴

ここでは聞こえの仕組みについて説明します。

耳は外側から外耳、中耳、内耳の3つに分かれます（図2-1）。外界からの音は、外耳のうち、外側にある耳介で集められ、外耳道に入ります。その後、外耳道の奥にある鼓膜とそのさらに奥にある中耳に伝わります。中耳は、鼓膜と鼓室で構成されています。鼓室は空気で満たされた空間で、中には連結した3つの骨（耳小骨）があり、鼓膜と内耳を繋いでいます。耳小骨は、鼓膜に伝えられた音を大きくし、内耳に伝わります。内耳には蝸牛と呼ばれる器官があり、そこで音の高さ（周波数）の分析などが行われます。その後、音や音声は蝸牛神経を伝わって、脳の聴覚皮質まで運ばれ、そこで知覚が行われます。

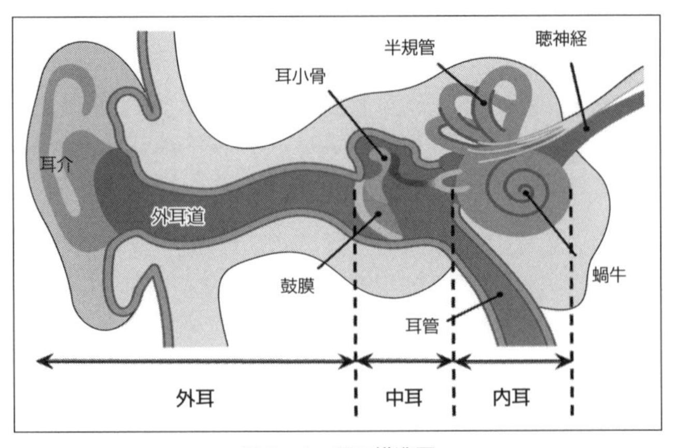

図２－１　耳の構造図

１）伝音難聴

外耳、中耳、内耳のいずれかの器官に何らかのトラブルが生じた場合、聴覚障害となります。このうち、外耳・中耳の障害によって生じる難聴を「伝音難聴」といいます。

伝音難聴の聞こえ方は、耳栓をした状態の聞こえ方に似ているといわれます。この場合、補聴器などで音を大きくすることによって、比較的よく聞き取ることができるようになります。

伝音難聴の原因としては、「外耳道炎」「急性中耳炎」「慢性中耳炎」「滲出性中耳炎」「耳硬化症」などが挙げられます。伝音難聴は、この後に説明する感音系に異常がなければ、高度の難聴になることはありません。

ここで、幼児期や小学生低学年にかかりやすい滲出性中耳炎について説明します。滲出性中耳炎は専門的にいうと、耳管狭窄症が原因で起こりやすくなる中耳炎のことです。耳管は外耳（鼓膜）と中耳の間の空気圧のバランスをとっていますが、耳管に菌が入り急性中耳炎になることがあります。小児は、耳管咽頭部にアデノイドというリンパ組織が発達していて、急性中耳炎によってアデノイドが腫れて大きくなると、膿や滲出液が出て、耳管の開きを邪魔してしまいます。これにより滲出性中耳炎になります。

アデノイドが一番大きくなるのは３～５歳頃で、風邪をひいている子どものほとんどが滲出性中耳炎になります。滲出性中耳炎が長引く場合には、鼓膜を切開し滲出液を吸い出した後、鼓膜にチューブを入れて中耳に空気を通す治療を行います。子どもが鼻を自分でかめるようになる小学生の頃には、アデノイドは小さくなっているので、滲出性中耳炎の子どもは少なくなっていきます。なお、補聴器を装用している子どもの場合は、医師に装用を継続してよいかを確認する必要があります。

また、小耳症や外耳道閉鎖症が原因で、伝音難聴になる場合があります。この場合、通常の気導補聴器ではなく、骨導補聴器が用いられます。骨導補聴器とは「骨の振動から伝わる音を聞き取る聴力（骨導聴力）」を活用した補聴器のことで、耳の後ろにある骨に直接振動を伝えて、外耳や中耳を経由せずに直接内耳に音を届けるものです。小耳症は生後間もなく判明し、成長にあわせて形成術を行う場合が多く、子どもへの負担が大きいものです。特に保護者にとっては相当のストレスとなり、子どもの障害を受けとめることに苦労し、コミュニケーション上の課題を抱えるケースがあり、保護者のメンタルケアも必要になります。

伝音難聴は、投薬や手術などの医学的治療によって治ることも多く、聴力が改善する可能性が高いため、感音難聴よりも軽いものだと考えがちです。しかし、どのような難聴であっても、それぞれ養育上・教育上、留意すべきことがあり、軽視できないことを認識する必要があります。

2）感音難聴

次に、内耳（蝸牛）から大脳の聴覚中枢に至る聴覚路の障害を感音難聴といいます。感音難聴は、音が歪んで聞こえる状態で、チューニングが少しずれているラジオの音声を低音量で聞くような聞こえ方に例えられます（伝音難聴と感音難聴が合わさった難聴を混合性難聴といいます）。

感音難聴の場合、突発性難聴などが原因の場合は治療によって改善することもありますが、現代の医学では聴力を回復させる治療法はありません。補聴器等を装用し、音を大きくしても、音の歪みは解消されません。ことばの聞き取りが悪い、つまり、音は聞こえても何が話されているのかは聞き取りにくい状態になっています。

感音難聴の原因としては、先天性難聴、加齢性難聴（老人性難聴）、突発性難聴、メニエール病、騒音性難聴、薬剤性難聴、遺伝性難聴、聴神経腫瘍等、様々で、高度難聴や聾になる場合が多いです。聾学校に在籍している子どもの大半は、先天性の感音難聴です。

3）先天性難聴

先天性難聴とは、生まれつき聞こえに問題が生じている状態のことです。日本学術会議感覚器医学研究連絡委員会の報告（2005）によると、先天性難聴は、出生1000人あたり1人の割合で生じるといわれています[1)]。他の先天性の病気に比べて最も頻度の高いことが明らかになっています。先天性難聴はできるだけ早期に発見することが重要です。現在は、多くの産婦人科医院で、産まれて間もない新生児に対して、耳音響放射（Otoacoustic Emission: OAE）や聴性脳幹反応検査（Auditory Brainstem Response: ABR）を用いた新生児聴覚スクリーニング検査が導入され、早期発見・早期介入につなげようという取組みがなされています。このように、できる限り早期に難聴を発見し、正常な言語発達を促すための支援を行うことが求められています。そのための一支援機関として、聾学校には乳幼児教育相談があります。

また、日本医療研究開発機構の発表（2020）によると、先天性難聴の約70％は遺伝子が関係しているといわれています[2)]。現在の難聴遺伝子の解析は、難聴の正確な診断、予後・合併症の予測、治療法の選択を検討する資料として役立っています。

(2) 伝音難聴・感音難聴の聞こえ

図2－2は、伝音難聴・感音難聴の聞こえを示したものです。図2－2で示した伝音難聴の場合、聞こえる音量が小さいため、小さい「ア」として聞こえますが、補聴器を装用することにより、聞こえが改善します。

その下は、感音難聴で、やや聞こえがよい場合です。前述したように、感音難聴は聞こえる音量が小さく、歪みもあります。補聴器を両耳に装用したり、話し手の唇を見たりするなどにより、かなり改善がみられます。しかし、騒音下での聞こえは悪くなります。一番下は、感音難聴がさらに厳しい場合です。2番目の場合と同じく、補聴器を装用しても、騒音下では聞こえはさらに悪くなります。このように、補聴器は、騒音下では、十分な効果を果た

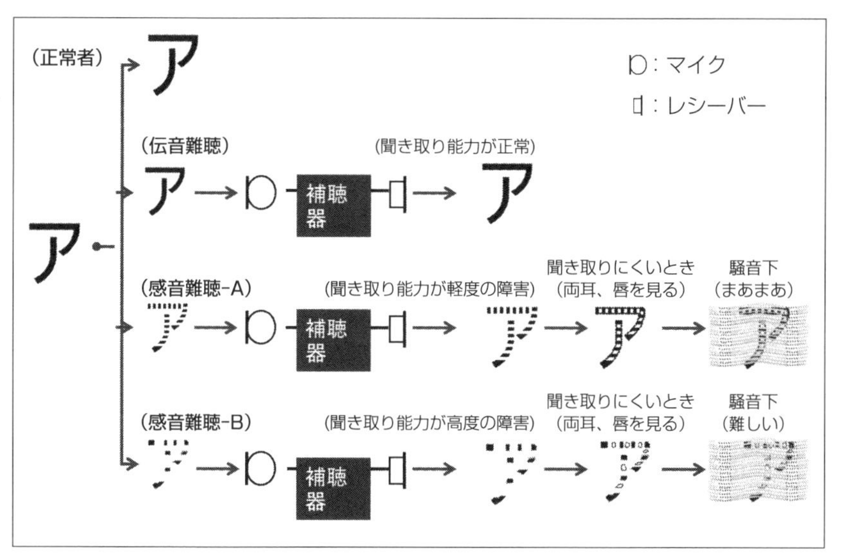

図2-2 伝音難聴・感音難聴の聞こえ

出典：筆者作成。

すことが難しいことを理解する必要があります。

(3) 補聴器・人工内耳

聴覚障害について、補聴器や人工内耳の装用が検討されますが、これらについて簡単に説明します（図2-3）。補聴器は基本的に、マイクとアンプ、それにレシーバ（イヤホン）から構成されています。マイクで音を集めて、アンプで音を増幅・加工し、イヤホンで音を出す仕組みです。つまり、補聴器は鼓膜に届く音を大きく増幅させるものです。

また、人工内耳とは、音を電気信号に換えて聴神経に伝える医療器具です。手術で頭部に体内装置（インプラント）を埋め込み、電極を蝸牛に挿入します。音は耳介に掛けられたマイクで拾われ、この電気信号が体外装置（スピーチプロセッサー）に送られ、音声信号処理が行われます。音声信号は、頭皮を隔てて磁力で貼りついている送信コイルから受信コイルを通して蝸牛に伝えられます。そして、蝸牛に埋め込まれた電極で電流が発生し、周辺の聴神経を刺激します。この信号が脳へ送られ、音や音声が認識されます。

骨導補聴器

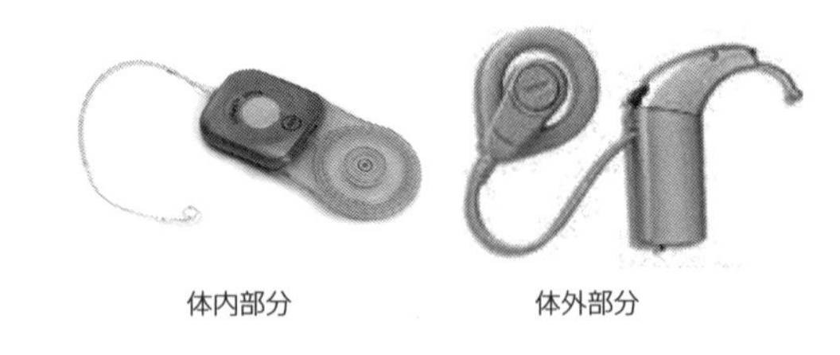

体内部分　体外部分

人工内耳

図２-３　骨導補聴器と人工内耳

補聴器と人工内耳の違いをひとことでいうと、補聴器は聞こえを「補助」するもので、人工内耳は蝸牛内の有毛細胞（音の振動を電気信号に変えて脳に伝える役割をしている）の働きを「代行」するものです。補聴器や人工内耳は、どちらも脳に伝える情報量を増やしますが、それでも音の存在や意味を脳内で解析する処理は（中途で難聴になった場合であっても）簡単ではありません。そのため、ある程度時間をかけて脳に音や音声の刺激を入れ、その刺激に慣れさせていくことで聴取能力の向上を図ります。

聴覚は24時間稼働し続けているセンサーです。特に、先天性難聴の場合は、早期から補聴器や人工内耳を装用し、これらの機器を適宜、管理し、継続して聴覚面でのリハビリテーションをする必要があります。

(4) 両耳聴効果

目も耳もそれぞれ2つあります。目は2つなければ立体視できませんが、耳も2つあることで音の方角が認識できるように、立体的に聞き取っています。また、ザワザワした教室や離れたところからでも、意識を向ければ、音や音声を聞き取ることができます（「カクテルパーティ効果」といいます）。また、両耳で聞くと、片耳で聞くよりも音が大きく感じられます。これを両耳聴効果といいます。両耳で聞くことは、音や音声の情報を得るうえでとても重要です。

早期から補聴器や人工内耳を両耳に装用することにより、音や音声をよりクリアに聞き取れるようになります。

2 聞こえの程度と子どもへの対応

(1) 聴力の程度と検査法

耳が聞こえるといっても、大きな音から小さな音までいろいろな程度があります。表2－1に、「聞こえの程度」を示します。

25～40dB（デシベル）未満は、軽度難聴として分類します。小さな声や騒音下の会話を聞き違えたり、聞き取りに困難を感じたりします。聞き取りを改善したいという希望があれば、補聴器の装用を考えますが、小児に対しては教育的観点（言語理解）からも積極的に勧められています。

40～70dB未満は、中等度難聴として分類します。普通の大きさの声での会話を聞き違えたり、聞き取りに困難を感じたりします。音に対する反応が比較的よいので、本人や保護者は装用を避ける傾向がありますが、日常生活で不便を感じる場面も多く、補聴器の装用を検討する必要があります。世界保健機構（WHO）では、聴力が大人で40dB、子どもで30dBを閾値（いきち）（聞こえはじめ）として補聴器の使用を推奨しています。

表2－1 聞こえの程度

聴 力	実際の聞こえ具合	難聴の程度
0dB	健聴者が聴き取れる最も小さい音	正常 普段の会話は問題ない
10dB	雪の降る音	
20dB	寝息	
30dB	紙に鉛筆で文字を書く音	軽度難聴（25dB～） 小さな音は聞こえにくい
40dB	静かな会話	
50dB	家庭用エアコンの室外機の前	中等度難聴（40dB～） 普段の会話が聞こえにくい
60dB	普通の話し声	
70dB	騒々しい事務所の室内程度	高度難聴（70dB～） 大きな声でも聞こえにくい
80dB	走行中の地下鉄車内	
90dB	唄っている最中のカラオケ店個室	
100dB	電車が通過しているときのガード下	ろう（100dB～） 耳元の大きな声でも聞こえにくい
120dB	かなり近くからのサイレン	

出典：筆者作成。

70～90dB 未満は、高度難聴として分類されます。非常に大きな声は聞こえても、補聴器がないと通常の会話は聞こえません。補聴器を装用しても、日常生活において音声の聞き取りには困難が生じます。

90dB 以上は、重度難聴として分類します。補聴器を装用しても聞き取れないことが多くなります。小児では人工内耳の装用が考慮されます（人工内耳は軽度・中等度難聴には適応されません）。

音は、大小だけでなく、高低もあります。音の大小を dB（デシベル）、音の高低（周波数）を Hz（ヘルツ）という単位で表します。音の大小と高低を組み合わせて、聞こえの状態を一目で把握するために、オージオグラムがあります（図 2－4）。

一般的に、聴力を測る時に行われるのは、純音聴力検査です。その結果を記したグラフを純音オージオグラムといいます。

横軸は音の種類（高低）です。125Hz が一番低い音で、そこから順に、250、500、1000、2000、4000、8000Hz と全部で 7 倍音（7 オクターブ）を検査します。

縦軸は音の大きさで、下にいくほど音が大きくなります。聴覚が正常な人が聞こえる一番小さい音を 0dB と表します。そこから音を大きくすると 10、20、30 … 120dB と数字が大きくなります。グラフの一番下は 120dB で、人が音として感じることができる一番大きい音です。また、会話音は、およそ 500～3000Hz で 60dB あたりに分布しています。

検査はオージオメータという機器を使用します。まず、両耳にヘッドホン（受話器）を当てて検査します。これを気導聴力といいます。小学生なら音が聞こえたときに自分で反応することができますが、幼児は的確に反応することが難しい場合が多いので、条件詮索反応聴力検査（COR）や遊戯聴力検査（PEEP SHOW）と呼ばれる検査を行います。これらは、光刺激を伴った玩具を用いて聴力を測定するものです。

図の丸印（○）は右耳、バツ印（×）は左耳の気導聴力を表します。次に、耳の後ろの骨（乳突部）に振動子を当てて骨導聴力を検査します。[は右耳、] は左耳の骨導聴力を表します。

表 2－1 でも見たように聴力の読み方として、気導聴力については、20dB

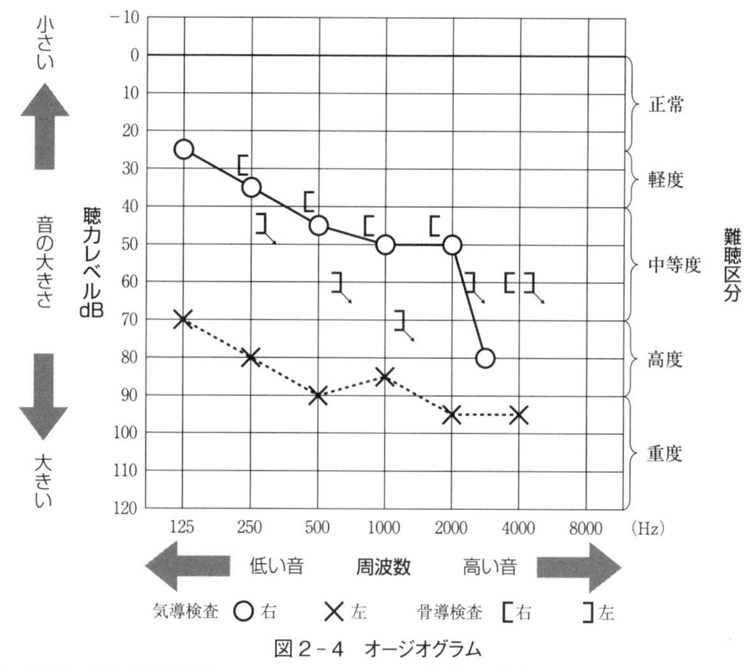

図2－4　オージオグラム

出典：リサウンド社「豆知識」(https://resoundjp.com/wisdom/) を元に作成。

以内ならほぼ正常といえます。30 ～ 40dB であれば軽度難聴、60dB であれば中等度難聴、80 ～ 90dB であれば高度難聴となります。聾学校に在籍している子どもは感音難聴のため、高音部（2000Hz 以上）の聴力が落ちている場合が多いです。

なお、聴力を測ることを聴力検査あるいは聴力測定といいますが、病院等の医療分野では聴力検査、聾学校等の教育分野では聴力測定と表現することが多いです。これは、医療では聴覚障害の有無などの診断が目的ですが、教育では補聴器の調整等に役立て、指導に生かすことが目的となっているからです。補聴器等の効果を確認するうえで、聾学校においても、定期的に聴力を測定することが大切です。

以上のように、難聴は軽度から高度、低い音・高い音の聞こえに違いがあるなど一様ではなく、聞こえの状態は皆異なります。このため、一人ひとりの状態（耳鼻咽喉科にかかる病気の有無や補聴器の装用期間、他障害の有無など）

を踏まえた対応が求められます。

(2) 軽度・中等度難聴児への配慮

軽度・中等度難聴について、次のようなエピソードがあります。

通常の学級の先生からの相談として、「子どもが聞こえないふりをしていることがある」との訴えや、「子どもの様子をよく見ているつもりであるが、時期によって聞こえているのか聞こえていないのかがわからない」といった声があります。反対に、難聴の子どもからの訴えとして、「学級担任の先生から〝今はこんなによく聞こえているのに、どうしてさっきは聞こえないふりをしたの？〟と言われて困った」という声もあります。

先に、30～40dBまでの聴力の場合が軽度難聴といいましたが、その聞こえの状態は生活の全般にわたり、人に呼びかけられても気づかなかったり、会話の際に聞き返したりすることが多くなります。また、小さな音や音声にうまく反応できず、遠くで鳴っている救急車のサイレンなど、他人には聞こえていても本人には聞こえない場合が多くあります。

また、60dB程度の中等度難聴の場合は、50dB以上の音であれば聞こえていますが、それ未満の音が聞き取りづらい状態です。日常生活では、静かな話し声はもちろん、普通の会話も聞き取ることが難しく、大声であれば聞き取ることができるという状態です。このため、中等度難聴は補聴器を装用し、聞こえの改善を図ることになります。例えば、学校生活においては、校内放送が校舎内では聞こえるけれどもグラウンドでは何を言っているか全くわからなかったり、教室内で友達の声を聞き分けることなどに対して大変な困難を感じたりしています。また、軽度・中等度難聴児とひと括りにするのではなく、先に示した伝音難聴や感音難聴など、一人ひとりの聞こえの状態に違いがあることも理解しておく必要があります。

野田哲平は一人ひとりの違いについて次のように述べています。健聴と難聴の境目にある軽・中等度難聴に対しては、種々の問題が残っているように感じている。聴覚障害自体が他者からわかりづらい障害であるが、程度が軽・中等度であると気づかれにくいために診断が遅れがちである。また多くの軽・中等度難聴児にとって補聴器が有用な選択肢であるが、難聴児自身や周囲の理解不足によって適切な補聴が受けられないこともある。難聴児はそれぞれの不便さを抱えており、聴覚そのものやコミュニケーション能力、それらをベースとして育まれる有形無形の素養の欠如によって学業や就業などの社会参加が困難になり得る。漏らさず早期発見する検査体制のより一層の充実と、社会全体で難聴児を支える仕組みの構築が望まれる[3)]。

軽度・中等度難聴児は、その語感から、日常生活でのコミュニケーションには大きな困難がない、と思い込んでいる人が多くいるように感じます。また、難聴の子ども自身が周囲の様々な音や音声を気にしなくなっている状態にあることもありえます。このため、個々の難聴の子どもの困難点が異なることを踏まえ、ていねいに対応する意識が大切です。

(3) 一側性難聴児への配慮

一側性難聴とは、左右のうち片側の耳だけが極端に聞こえにくくなっている難聴のことで、片耳難聴とも呼ばれています。難聴特別支援学級のみならず、通常の学級や聾学校においても、軽度・中等度聴児や一側性難聴児が在籍しています。それぞれ言語発達など状態像が似ていますが、全く異なる課題があります。

一側性難聴は、片方の耳に聞こえの問題がなく、言語発達も著しく遅れることがないため、日常生活や学校教育においてほとんど支障がないと考えられています。当事者である本人が支障を訴えることが少ないため、左右別の聴力検査ができる就学時頃に発見されることが多いです。実際に、6～8歳頃初めて耳鼻咽喉科を受診することが多いといわれています。

幼児聴力検査では両耳で聞き取りの反応を見ます。一側の聴力が正常であれば正常な結果となりますので、以前は、就学時頃まで一側性難聴の診断は困難でした。しかし、新生児聴覚スクリーニング検査の導入に伴って、早期に一側性難聴が診断されるようになりました。実際に現在は、一側性難聴児の 1/4 が新生児聴覚スクリーニングで発見されています[4)]。

前述したように、一側性難聴は、言語発達上の課題がほとんどないため、生活上の問題はないと思われがちです。しかし、一側性難聴者は、自己開示

（障害について他者に訴える）の有用性について理解していても、開示しにくい背景があることが指摘されています[5)]。その理由として、本人の心の問題や周囲の理解不足があると考えられます。一側性難聴児・者は聞こえに関する問題だけでなく、対人関係の中から生じる心理的問題も抱えている現状があることを理解する必要があります。

一側性難聴児・者は、両側高度難聴児・者とほぼ同様の配慮・対応が必要です。ただし良聴耳（聞こえの良いほうの耳）で聞いていれば日常生活でも問題なくコミュニケーションがとれることが多いため、本人からの訴えが乏しく、周囲も気づかないことが多いのが特徴です。さらに、一側性難聴児は聞き取りに絶対的な自信がもてない場合が多いため、何回も聞き返すことがあったり、「道路歩行時、車の危険回避ができない」「声がする方向がわからず対応が遅れる」など日常生活に困難を訴えるケースが多いです。

また、学業については、これまで一側性難聴の場合は、言語発達や学校教育にほとんど支障はないとされていましたが、「学童期で30～40％の言語が遅れるため、言語発達遅滞や学業成績への影響」を指摘する報告もあります[6)]。このように一側性難聴児は、学校生活において学業や行動面での学級適応に問題が生じる可能性があることを踏まえた対応が求められます。

(4) 高度難聴児への配慮

高度難聴児は、普通の音量で話している人の言葉がほとんど、あるいは全く聞こえない状態です。また、車のクラクションなどの非常に大きい音は聞こえますが、普通に聞こえる人のように驚くことはありません。聾学校に在籍する多くの子どもは、高度難聴で感音難聴を有しているため、日常の音が極めて小さく、かつ歪んだ音でしか聞こえていない状態にあります。

ここでは、こうした高度難聴児に対する配慮について考えます。現在は、多くの高度難聴児が補聴器や人工内耳を装用している場合が多く、以前にもまして、音や音声に対する反応が向上し、なかには明瞭な発音や発語を示す子どもが多くなっている印象があります。しかし、人工内耳を装用したとしても、すべての音や音声を完全に聞き取っているわけではなく、生活全般にわたって聞き取りには集中や緊張が常に伴い、聞こえる人とは比べものにならないような疲労を感じていることを理解する必要があります。

授業時の配慮としては、教室での席は教師の口元が見える位置が望ましいです。席は、前から２～３列目にしたほうが落ち着いて授業に参加できる、という聴覚障害児の声があります。教師は、黒板を向きながらではなく、話すときは口が見えるようになるべく前を向いて話します。口形をはっきりさせ、口元をよく見せて、ゆっくり明瞭に話すことも大切です。最近では、FM電波やデジタル電波を用いた補聴システムを使用し、話者（教師や子ども）が送信機（ワイヤレスマイク）を持ち、受信者（聴覚障害児）は受信機を補聴器や人工内耳に接続することにより、補聴器から話者の声を明瞭に聞き取ることができるシステムが普及しつつあり、その効果が期待されています。

教室環境については、ドアの開閉時や机・椅子の移動時など、不快な音に対する感じ方も聞こえる人とは違うため、教室内の騒音をできるだけ小さくする配慮が必要です。例えば、机や椅子は持ち上げて運ぶようにしたり、机や椅子の脚に消音キャップをはめ込んだりすることで騒音を軽減できます。教室の窓にカーテンを引くだけでも音の反響が軽減し、聞き取りやすくなります。

また、いうまでもなく音や音声は姿形が見えませんので、視覚的な支援をすることが必要になります。授業の要点などはできるだけ板書するようにします。体育時の合図は、笛ではなく、旗の上げ下ろしで行うようにするとわかりやすいです。さらには、必要に応じてノートテイク（筆記通訳）やパソコン要約筆記などの導入を考えます。このように、聴覚や視覚に障害のある人が情報を入手するために必要なサポートを行うことを「情報保障」といいます。情報保障は、現在、特にインクルーシブ教育システム下での合理的配慮のひとつとして重要な事項になっています。これらの配慮は、高度難聴児のみならず、後述する難聴特別支援学級や通級による指導においても必要とされることです。

3 聴覚障害児の心理

聞こえの仕組みや聞こえの程度の説明から、聴覚障害には様々な状態があることを理解されたと思います。ここから聴覚障害児の心理について述べます。まず、筆者が初任で聾学校に勤めたときのエピソードを紹介しましょう。聴覚障害教育の難しさを感じた出来事です。

(1) 初任時の経験から

筆者が勤めた聾学校では、単身赴任の筆者に対して、学校が特別な配慮をしてくれ、寄宿舎で生活する子どもたちと朝夕の食事を一緒にさせていただきました。子どもたちは自宅から離れて寄宿舎で共同生活をすることで、年齢を問わず、仲間意識や連帯感があり、とてもいい雰囲気でした。そうしたなかで、子どもたちはどんなことを考えて過ごしているかと、興味が湧いてきました。どこの学校でも同じかと思いますが、寄宿舎では季節ごとに楽しい行事が計画され、寮母先生（寄宿舎指導員）と教員が一緒に準備していました。1年の終わりには、進学のため寄宿舎を離れる生徒や退職する寮母先生のためにお別れ会を催し、筆者も参加しました。

会の終わりに、長く寄宿舎に勤務される寮母先生が、子どもたちを前にお別れの挨拶をしたときのことです。その寮母先生は、特に担当が長かったある女の子（小学部5年生）に対して、その子が幼稚部から寄宿舎に入った頃の思い出話をしました。寮母先生が話の途中で、感無量になり涙を流しました。すると女の子は寮母先生に対して、「大人なのに泣くのはおかしい」と言ったのです。その女の子は、とても頑張り屋さんで、かつ優秀で、先生たちの評価が高い子でした。それでも、寮母先生の涙の意味を理解することができない様子でした。

彼女のその発言を聞いたとき、傍にいた先輩の先生が筆者に「これが聾教育の難しさだよ」と告げました。それまで筆者は、ことばや聞こえを指導し、伸ばすことが聴覚障害教育が果たすべき役割だと信じていました。しかし、ことばや聞こえだけではない、見過ごしてはならない大きな課題があることに気づかされたのです。

他にも先輩の先生たちからは「人に耳がついているのか、それとも耳に人がついているか、どっちか」や、「聴覚障害児は話ができるようになれば、それで終わりというものじゃない。それはなぜだと思う」といった謎かけのような問いをいただきました。

筆者は、聾学校に勤めた当初、補聴器や手話を用いてコミュニケーションを習得すれば一人前になれると思い込んでいました。これまで多くの先輩の先生から、様々なアドバイスをいただきましたが、この寄宿舎での出来事は、今でも頭から離れません。

また、ある先達は退職の弁として「この教育は苦しい。でも、楽しい」と評されました。筆者はこの言葉の意味を、「聴覚障害教育は、まず自分で課題を見つけること、課題解決のため考えること、そして実践することの繰り返しである、それを楽しむこと」ということではないかと思っています。

聴覚障害児の心理を考えるに際して、本節では、様々な事例を通して、聴覚障害教育は何をする教育かを考えるきっかけにしてほしいと思います。

視覚と聴覚の重複障害者でありながら、障害者の教育・福祉の発展に貢献したヘレン・ケラーは、自身の見えないこと・聞こえないことについて、「聞こえないということは、人とのコミュニケーションが断たれるということ」と話したといわれています。そして、「人とのコミュニケーションが断たれるということは、孤独感や差別感から、生きる意味すら失う」と付け加えています。

聴覚障害がある場合、音や音声の刺激が受けにくくなるために、ものを認知したり、情報量が不足したりすることによって、場に応じた柔軟な適応行動が取りにくくなったり、意思や感情の疎通がうまくいかなくなったりすることがあります。ヘレン・ケラーは、「情報が入らないことは、人間関係の成立が阻まれることである。それによって、伝達や思考、創造するといった心の働きが阻害されることになる」ということを伝えたかったではないでしょうか。

このように、聴覚障害が発達に及ぼす事項としては、言語の受容や表出、情緒や社会的成熟といったことも挙げられます。

(2) 聴覚障害者の実生活での困難性

聞こえる人にとっては、聞こえない状況や、あるいは聞こえにくい状況を体験する（疑似体験）ことによって、聴覚障害の困難性をある程度、想像することができると思います。しかし、聴覚障害者の感じる困難は聞こえる人からはわかりにくいことも多く、彼らの困難の具体を理解しにくいと思います。ここでは、成人聴覚障害者の実際の社会生活の様子を知ることで、聴覚障害が及ぼす心理面での影響を考えます。表2－2に、聴覚障害者本人がまとめた生活場面で困難を感じる事柄を紹介します。

表中の例にありますが、エレベーターに最後に乗ったときに、重量オーバーで「チン」と鳴って周りから見つめられても、本人には何が起こったのかがわからないことがあります。これは、周囲の人にとっては外見だけではその人に聴覚障害があるとわからないために「変な人がいる」と誤解してしまうといった問題が起こりえます。

一般の社会では、音や音声に囲まれた生活が中心で、多くの聴覚障害者は、そのような音や音声の情報の捉えにくさを感じています。そして、彼らはこれまでの経験などから予測して行動することを余儀なくされています。聴覚障害者が遭遇する困難性は、すべて深刻なものではないかもしれません。しかし、様々な場面で繰り返し遭遇するとしたら、聞こえる人には想像できないほど大きなストレスになっているものと考えられます。

表2－2　聴覚障害者が生活面で感じている困難性

場　面	困難性
合図の音	・鍋の沸騰した音やドアのノック　・注意を促すクラクション ・スポーツの試合での笛の音 ・エレベーター（重量オーバーの警告音）
放　送	・緊急放送　・病院での呼出、スーパーのタイムセールの放送
講演会	・講演会での話　・コンサート（合間のトーク）
食　堂	・下や横を向いてメニューの説明
乗り物	・タクシーの運転手に行き先の確認
買い物	・店員さんと品物の情報のやりとり（聞き返し）
宴　会	・誰が話し手か　・話すスピード　・誰かに後ろから呼ばれる

出典：筆者作成。

(3) 発達段階に応じた課題と教育的対応

表2－3に、乳幼児期から成人期における課題と教育的対応を示します。

乳幼児期は、保護者（家族）の状況を踏まえた指導・支援が主になります。そのため保護者のみならず、きょうだいや祖父母など、家族全員に適切な情報提供をし、安心して養育ができる環境をつくることが大切です。難聴の子どもに対しては、聞こえやことばの課題が主になりますが、全体的な発達を目指した指導を心がける必要があります。

学童期には、保護者だけでなく友達との関係の拡大、言語面では生活言語から学習言語への拡大に伴う「五歳の坂」、また、高学年になると、具象から抽象的思考への発展（九歳レベルの壁）という大きな課題があります。そうした課題に対峙するには、幼児期とはまた異なった保護者との連携が重要になります。

青年期は、社会を意識し、自己概念（アイデンティティ）の確立が大きな課題になります。コミュニケーションや情報の獲得の方法についても、着実

表2－3　各期における課題と教育的対応

時　期	課題	教育的対応
乳児期	養育者としての自覚・役割 子どもとの関わり	家族支援 情報提供 コミュニケーション方法
幼児期	聞こえ・ことばの発達 ○五歳の坂	家族支援 コミュニケーション方法 補聴器・人工内耳装用指導 言語指導
学童期	ことばの拡充（教科学習） ○九歳レベルの壁 　情緒の発達 　自己（障害）理解	読み書きの指導 個人差に応じた指導 自学自習・動機づけ
青年期	自己概念の確立 知識の拡充、思考の深化 情報量の対応（言語力拡充） 一般常識 仲間意識	教科指導 生活指導
成人期	情報保障 コミュニケーション力 職業意識	一般教育の補強 専門知識の習得 自己肯定感

出典：筆者作成。

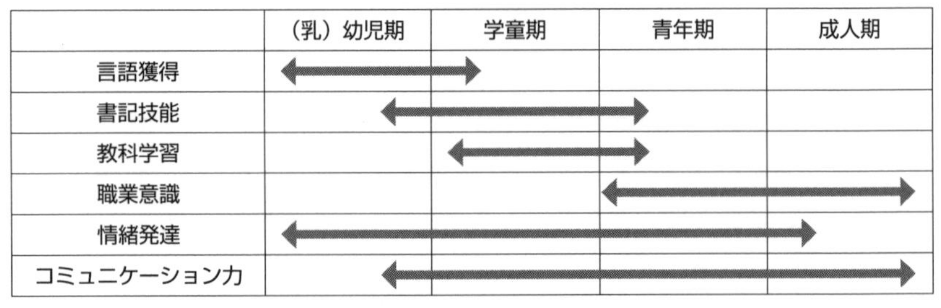

図２−５　ライフステージごとに重点的に取り組むべき課題

出典：筆者作成。

に身につける必要があります。指導者には、積極的な自己認識・他者理解の過程で、障害そのものを受け止める力の育成や肯定的な自己形成を図りつつ、子ども自身で考え、行動する意識を高める指導が求められます。

(4) ライフステージにおける聴覚障害の影響

図２−５に、ライフステージにおける取り組むべき課題を示します。

乳児期から成人期・高齢期に至る各発達段階において、配慮すべきことが多々あります。図に挙げた各項目は、決して画一的なものではありません。言語獲得などことばに関する事項は早い時期に、また、書記技能は学童期に取り組むべき課題です。しかし、コミュニケーションはどの時期においても重要な課題であることを認識する必要があります。聴覚障害児がそれぞれもっている力を発揮するために、教育に携わる者が、ライフステージにおける聴覚障害の影響について正しく理解することが大切であると思われます。

本章では、聴覚障害の聞こえや心理について説明しました。聴覚障害教育は、聞こえやことばの指導で完結するものではなく、発達のどの時期においても、聴覚障害児の心の育ちを意識した実践が大切になるのです。

引用・参考文献

1) 日本学術会議感覚器医学研究連絡委員会（2005）「感覚器医学研究連絡委員会報告 感覚器医学ロードマップ　感覚器障害の克服と支援を目指す10年間」、『日本耳鼻咽喉科学会会報』108（10）、5頁。
2) 日本医療研究開発機構（令和2）「先天性難聴の新たな原因遺伝子を発見――新生児の

難聴の原因診断、早期医療へ」 国立病院機構東京医療センター。https://www.amed.go.jp/news/seika/kenkyu/20200629.html（2022 年 7 月 28 日最終閲覧）
3）野田哲平（2021）「シンポジウム 4　軽度～中等度難聴児への対応と課題　当事者からみた軽～中等度難聴」、『日本小児耳鼻咽喉科』42（1）、51–54 頁。
4）岩崎聡（2013）「一側性難聴児における先天性サイトメガロウイルス感染症の関与」、『Otology Japan』23（5）、848–853 頁。
5）岡野由実・廣田栄子（2015）「一側性難聴事例における聞こえの障害と障害認識の経緯に関する検討」、『Audiology Japan』58（6）、648–659 頁。
6）岩崎聡（2013）「聴覚に関わる社会医学的諸問題「一側性難聴の臨床的諸問題」」、『Audiology Japan』56、261–268 頁。
・文部科学省初等中等教育局特別支援教育課（2018）「平成 29 年度特別支援教育資料」https://www.mext.go.jp/a_menu/shotou/tokubetu/material/1406456.htm（2022 年 7 月 28 日最終閲覧）。
・小寺一興（2000）「補聴器の適応と適合検」、『日本医師会雑誌』123（6）、788–791 頁。

（原田公人）

第3章

早期教育相談と幼稚部の指導

筆者が小学校から聾学校に転勤したときのことです。

幼稚部の配属となりました。ベテランの先生につき、年少組の副担任として聾教育をスタートしました。また、週1回、0～2歳児の教育相談（以下、早期教育相談）にも参加することになりました。

筆者には、小学校中・高学年を受けもった経験しかありませんでした。着任前に受講した新任者研修では、聴覚障害のある子どもには早期教育が重要で、多くの聾学校に幼稚部が設置されていることや、聾学校に在籍してはいない子どもに対して、早期教育相談を行っていると聞いていました。経験のないことばかりで、小さい子どもたちにどのように関わればよいのか、保護者に対して何をすればよいのかなど、大きな不安を感じたことを今でも鮮明に覚えています。

本章では、初めて幼稚部や乳幼児教育相談を担当することになった先生方に向けて、早期教育の基本と実践を通して筆者が学んだことや取り組んでみたことを述べていきます。

1 聴覚障害と早期教育の重要性

聾学校で早期教育相談や幼稚部における教育が行われているのは、どのような理由からでしょうか。ここでは、聴覚障害の特性を踏まえ、早期教育の重要性について述べます。

(1) 聴覚障害の特性と発達に及ぼす影響

子どもは、生まれてから養育者など身近な大人との関わりを通して心身の発達を遂げていきます。幼児期になると、保育所や幼稚園などで、友達や保育者など自分を取り巻く周囲の人との関わり方を学んだり、遊びを通して周囲の物事に対する理解を深めたりしていきます。

特に、聴覚の発達は、新生児期から急速に進むものであり、早期から対応しなければ教育の効果が上がりにくいという特性があります。子どもは、生まれてから周囲の音や音声などといった聴覚を通した情報を受け取り、毎日の生活を通して徐々にその意味を理解していきます。生まれたときから、あるいはごく幼いときから聴覚障害がある場合、周囲の音や音声の刺激がほとんど入らない、あるいは少ししか入らない状態で育つため、聴覚の発達に制約を受けることになります。

また、聴覚の発達は、ことばをはじめとする他の発達に影響を及ぼすという特性があります。聞こえる子どもの場合は、一般的に、話しことばを中心としたコミュニケーションを通して、ことばの理解や表出ができるようになっていきます。このため、聴覚の発達は特にことばの発達に大きな影響を与え、その影響は周囲の人とのコミュニケーションや事物に関する概念形成といった学習面などにも及ぶことになります。

こうした聴覚障害の特性から、聴覚障害のある子どもに対しては、早期発見と早期教育が重視されているのです。

(2) 適切な関わりの重要性

現在、聴覚障害のある子どもの多くは、生まれて間もなく産科医院などで新生児聴覚スクリーニング検査を行い、そこでリファー（要精密検査）となった場合、精査病院で精密検査をし、確定診断がなされています。地域によって違いがありますが、医師による確定診断の後、療育機関や教育機関などが紹介され、早期からの療育や教育相談などが始まります。

療育や教育を行うといっても、ごく幼い時期は大人のように指示されて補聴器をつけたり、ことばの学習をしたりすることができません。このため、補聴器の装用習慣を身につけたり、保護者と意思疎通ができるようにしたりするための環境を整えることが重要です。

子どもを取り巻く環境として、この時期に大切なことは、周囲の人の関わり方です。聴覚障害のある子どもをもつ保護者の約9割が聴覚障害のない方であるといわれています。このため、聞こえない、あるいは聞こえにくいことで、子どもがどのような理解の仕方をしているのか、それに合わせてどのように関わればよいかを保護者に知ってもらうことが大切です。

●Aちゃんの例

筆者が、早期教育相談を担当していたときの出来事です。当時、1歳3カ月頃に病院から紹介されたAちゃんは、補聴器を装用し始めたばかりでした。母親のそばを離れず、いつも後を追いかけていました。母親がトイレに行こうとしたとき、「ママ、おトイレに行くから待ってて」と個室を指差してAちゃんに伝えていました。Aちゃんと私は個室の前で待っていることにし、母親はドアを閉めました。すると、Aちゃんは激しく泣き始めました。Aちゃんは、突然、母親がいなくなったと思ったのかもしれません。

筆者は、Aちゃんに向かって、「カラカラって聞こえた」と言いながらトイレットペーパーを巻き取る動作をしたり、「ジャーって聞こえた。もうすぐママ来るよ」と言いながら水洗レバーを動かす動作をしたりして見せました。ドアが開いて母親の姿が見えた途端、Aちゃんはピタリと泣き止みました。この出来事は母親にとってショックだったようです。

次の週、Aちゃんの母親が家での様子を教えてくれました。トイレに行くとき、Aちゃんもついて来るので、水を流す音がしたら「ジャーって聞こえた」と身振りをしながら言ってみせるようにしているとのことでした。

数週間経った頃、「ひよこ教室」（早期教育相談室の別名）で母親がトイレに行こうとすると、Aちゃんも後を追いかけていきました。しかし、個室のドアが閉まっても泣きませんでした。やがて、水を流す音がすると、Aちゃんはパッと表情を変え「ジャー。ママ」と伝えてくれました。流水音が聞こえたので、もうすぐママがドアを開けることがわかったようです。音を聞いて、ドアの向こう側で起こっている出来事をイメージし、待っていられるようになったことに母親はとても喜んでいました。その後、様々な音をAちゃんと一緒に聞いたり、真似して発声したりするようにしたそうです。そして、

Aちゃんは生活音（電話の着信音や雷の音など）や楽器音、家族の呼びかけに徐々に気づくようになりました。

このように、子どもに対する適切な関わり方をしていくことの効果を保護者に実感してもらい、家庭でも取り組むよう支援していくことが重要だと考えます。

2 早期教育相談の目的と実際

(1) 早期教育相談の目的

0～2歳児の子どもは、食事や着替え、遊びといった日常生活を通して、多くのことを学びます。聴覚障害のある子どもの場合も同様で、聴覚を活用したり、事物や身近な人との関わりなどを学んだりしていきます。こうしたことから、まず、保護者に聴覚障害や子どもとの関わり方を理解してもらい、実践してもらうようにすることが、早期教育相談の目的に挙げられます。

一方、多くの保護者は聴覚障害のない方ですので、障害を告知された後、自分の子どもがどのように成長していくのかといった見通しが描けず、大きな不安を抱えています。早期教育相談は、こうした保護者の不安を受けとめ、子どもに応じた対応を共に考えたり、情報提供したりしながら、不安を軽減していくことも大切な目的です。

筆者が早期教育相談に携わるようになった当初、保護者の相談や支援について、何を、どのようなタイミングで行っていけばよいのか、ずいぶん悩みました。保護者の障害に対する受けとめ方やその過程は、様々です。保護者自身やご家族の障害に対する意識や経験なども影響するものと考えられます。また、子どもの成長に応じて、新たな不安や悩みが生じることもあります。

早期教育相談を担当する者として、保護者の話に共感する態度で向き合うこと、保護者のニーズに応えることで信頼関係を築いていくこと、子どもの成長や保護者の思いを価値づける伴走者としての姿勢をもつことが大切だと考えます。

(2) 早期教育相談の実際

早期教育相談は、地域や学校の実情に応じ、様々な形で行われています。また、相談の形態や活動内容なども多種多様です。例えば、個別の相談もあれば複数の親子で活動する集団での相談もあります。年齢別グループによる活動もあれば、異年齢グループでの活動もあります。医療機関から紹介されて間もない時期の相談もあれば、定期的に来校してもらう相談もあります。

筆者自身、早期教育相談を受けもつ際には、保護者への説明や伝え方を工夫することの大切さを実感しました。ここでは、いくつかの取組みを紹介します。

1) 聞こえ方をイメージしやすく説明するために

聴覚障害の告知を受けて間もない保護者の多くは、自分の子どもがどの程度聞こえるのか、補聴器や人工内耳をつけるとどのくらい聞こえるようになるのかといったことをたずねてきます。医療機関ではどのような説明を聞いたかをていねいに聞き取りながら、保護者が知りたがっていることを把握し、応えるように努めましたが、これはなかなか難しい質問でした。学校が行う教育相談としては、病院で行った検査結果や学校で行った聴力測定の結果など、事実を基にして保護者がイメージしやすいように説明することに努めました。また、聴覚をはじめとする様々な発達の諸側面を踏まえて子どもの聴覚活用の様子を定期的に見ていくことの大切さを伝えるようにしました。

子どもの聞こえ方について説明する際、イラスト入りオージオグラムを活用していました。文部科学省が発行した「聴覚障害のある児童のための音楽指導資料」にイラスト入りオージオグラムがありますので、参考にしてみてください[1)]。オージオグラムの中に、楽器や生活音のイラストと母音（a, i, u, e, o）や子音（m, n, p, s, t など）の発音記号が記載されています。音の強さや高さについてのイラストがあると、保護者もイメージしやすいようでした。また、発音記号を手がかりに、どのようなことばが聞き取れるのかを説明するようにしました。

子どもの聴力レベルやことばの聴取については、病院での聴力検査や学校での聴力測定の結果を、イラスト入りオージオグラムに書き込み説明しました。保護者はそれを確認することで、徐々に子どもの聞こえ方に対する理解が深まっていきました。

2）子どもとの関わり方とその意図を説明するために

早期教育相談での活動を通して、保護者には遊びやおやつ、トイレ、着替え、お弁当など、家庭での子育てや関わり方に生かしてもらえるように計画しました。例えば、お散歩では車やトラックが通り過ぎる様子を見ながら音を聞く、手順が少なく簡単にできるおやつを親子で作って食べる、体を使った親子遊びをするなどです。

しかし実際にやってみると、説明が十分ではなかったようで、想定外の反応が多くの保護者にみられました。保護者には、きちんとしなければならないという意識があり、それぞれの活動の出来映えや指示に従って行動することに注意が向きがちでした。筆者が設定した遊びや活動は、それ自体が目的ではなく、遊びや活動を通して親子のコミュニケーションを楽しみ、活発にしていくことを目的としていました。こうしたことを説明するために図3−1の説明資料を用意しました。

これは、次回の活動予告として各家庭に配付したもので、ねらいや意識してほしいことを説明しました。親子のコミュニケーションを楽しみ、活発にするために、どのようなことをすればよいのかを保護者に理解してもらえるよう、活動の目当てを「子どもの視界に入ること」「遊びを楽しむこと」にしました。

そして、目当てに示したことをするとどうなるのかを説明しました。子どもがことばを吸収していくこと、擬態語や擬音語は吸収しやすいことを伝え、遊びの中で積極的に使っていくよう促しました。

当日、資料で説明したことを実践する方もいれば、そうでない場合もありました。保護者自身の遊びの経験や子どもとの遊び方にも個人差があります。しかし、事前に資料を使って説明しておくと、遊んでいる途中で子どもの視界に入って遊ぶことを伝えると、保護者も思い出して実践してくれるようになりました。

また、活動後の振り返りでは、資料があることで、保護者の頑張りや工夫を認め合うことができました。このような取組みを継続することで、はじめはできなかったことが少しずつできるようになったケースもありました。

ママとあそぼう

年　4月27日（金）

外であそぼう！　お散歩もいいですね！
遊具で、砂場で、乗り物で!!

私たちのめあて：子どもさんの視界に入って…そして
子どもといっしょに心から遊びを楽しみましょう！

⇓

「遊んでやってる」「砂いじりキライだけど…」子どもは、自分と一緒に遊んでくれる人、そして、遊びを楽しくしてくれる人が大好き！　大好きな人のすることや言うことには、目と耳と心をかたむけてくれます。

私たちだって、本当に楽しければ声も出るし表情も明るく豊かになります。

こんな様子をみて、子どもはことばを吸収していくのです。

⇓

吸収しやすいことば…
擬態語（ぎたいご）＆擬音語（ぎおんご）があります。

雨⇒ザーザー
はさみで切る⇒チョキチョキ
食べる⇒パクパク　など、音や様子をあらわすことばです。

遊びながら、こういうことばをかけてあげると、子どもには分かりやすいし、マネしやすいですね。

図３－１　家庭用の説明資料（次回の活動予告）

出典：筆者作成。

3）保護者の取組みや子どもの成長を価値づけるために

筆者が早期教育相談を担当していたときは、ほとんどの場合、母親が子どもと来校していました。毎回、活動終了後に、今日の感想や家庭での様子を話し合う時間を設けていました。そのなかで気になったのは、早期教育相談に親子で通っていることについて、家族からは「ただ遊びに行っている」と思われているケースが多いことでした。

このような受けとめ方をされたままでは、母親の活動への家庭の理解を得るのも難しいだろうと思いました。「お母さん方が、聾学校や家庭で頑張っていること、その結果、子どもたちが成長していることを伝えたい」と考え、早期教育相談室だより（以下、「ひよこだより」）のあり方を見直すことにしました。図3－2（50～51頁）に、その一例を挙げています。

図3－2の「ひよこだより」は、ある母親が家庭での様子を記録した一部を取り上げ、子どもと母親の関わり方の素晴らしさを紹介したものです。公園で遊んで帰って来た子どもが鼻を擦りむいていた。それを見て、その場にいなかった母親が①「鼻、どうしたの？」とたずねてからさらに、②「いたい、いたい、どこ？」と、これまでとは違うたずね方をしたことを紹介しています。そして、その結果、子どもは③自分から「イデデ」と膝を指差したこと、さらに、④いろいろな人に同じように膝が痛いと教えていたことを紹介しています。母親が学校でしていたことを関連づけ、それが子どもの成長につながっていることを伝えるために書きました。他の保護者についても、同じように「ひよこだより」で取り上げ紹介するようにしました。

あるとき、「ひよこだより」を実家に持って行った母親から、「私の実家の両親に見せたら、お前も頑張っているな」と励ましてもらったことを聞きました。それ以降、私は、「ひよこだより」をご家族や関係者にも見ていただけるように、複数枚、準備しました。

3 幼稚部における教育の目標と実際

（1）幼稚部における教育の目標

幼稚部を含め特別支援学校における教育の目的は、学校教育法第72条に規定されています。これを踏まえ、特別支援学校幼稚部教育要領では、幼稚部における教育の目標を次のように示しています[2)]。

1　学校教育法第23条に規定する幼稚園教育の目標

2　障害による学習上又は生活上の困難を改善・克服し自立を図るために必要な態度や習慣などを育て、心身の調和的発達の基盤を培うようにすること

1つ目は、幼稚園と同一の目標を達成するということです。幼稚園に準じた教育を行うとともに、2つ目の目標は、特別支援学校の指導の領域である自立活動の指導を行うことを示しています。

また、2つ目の後段で「心身の調和的発達の基盤を培う」ことが求められています。特別支援学校に在籍する幼児の場合、身体、運動、言語など発達の諸側面に不均衡や遅れがみられたり、個人差が大きかったりします。このため、全体的に調和のとれた発達が促されるよう、自立活動の指導を通して調和的発達の基盤を培うことが求められています。

(2) 幼稚部における教育の実際

実際に幼児を取り巻く環境を構成したり、活動を考えたりする際、幼稚園に準ずる教育を行う視点と障害に応じた自立活動の視点とをバランスよくもつことは、筆者にとって簡単なことではありませんでした。

例えば、ことばの習得を意図して教員が関わろうとするタイミングによっては、子どもがそれまでしていた遊びや作業を止めてしまうことがありました。また、教員が設定した活動を子どもが本当に楽しんでいるかと自分自身、疑問に感じることもありました。子どもの主体性を生かすことと教員による環境構成や関わりとの両立はどうあればよいか、試行錯誤を続けながら教育してきたと思います。

幼稚部での遊びや生活を通した教育や自立活動の指導については、様々な実践例が参考文献や季刊誌などで紹介されています。ここでは、幼児の興味・関心を基に主体的に取り組むことを重視した例を紹介します。

①パパと公園で遊んで帰ってきたら，鼻が….。すべり台で失敗！！「鼻，どうしたの？」と（私が）聞くと，「転んだ」の身ぶり。②それから，しばらくの間，「いたい，いたい，どこ？」と聞くと，鼻を指差した。
次の日，ばあちゃんの家で，転んで両ひざをすりむいた。「イデデ。」とひざを指す。③元気すぎて，傷だらけ。
④「鼻，どうしたの？」と聞かれると，みんなに「転んだ。いたい，いたいだよ。」と身ぶりで教えていた。スーパーのレジのおばちゃんにんまで….。

夏休みのくらしの様子のひとコマから…。このやりとりの中に、お母さんのすばらしいかかわりと、その結果、　さんが変わっていく様子が描かれています。

①鼻どうしたの？ときいた（お母さんが見てないことをたずねた）

1学期中にも、お母さんがみてないところで起こったできごと（ころんでズボンが汚れた、おしっこ失敗してズボンをぬらした etc.）をたずねていらっしゃいました。ここで大切なのは、汚れたズボンやすりむいた鼻など実際にみえるものを指して、　さんが何をたずねられているのか分かるように聞いていることです。だから　さんもだんだん答えられるようになったのですね！この時も「転んだ！」と身ぶりでちゃんと答えていますね。

図３−２　早期教育相談室だより「ひよこだより」

出典：筆者作成。

②それから、しばらくの間「いたい、いたい、どこ？」ときいた。
（今までと、ちょっとちがう質問の仕方にチャレンジした！）

すると、　さんは鼻を指さしたとのこと。
きっと、転んで帰ってきたときに「イタイネ！」とか「イデデ」とお母さんがたくさん言ってくださったからだと思います。　さんの気持ちに共感して「鼻、いたいね」と一緒に言ってみせてくれたことで、　さんの頭の中には「痛い！」＝「鼻」というむすびつきができたのでしょうね！

だから…次の日　さんは…

③自分から、「イデデ」とひざを指した！（どこがいたいのか、教えてくれた）

①の「どうしたの？」に加え②の「（いたいの）どこ？」の質問もしてくださったことで、　さんは「どうした」と伝えるだけでなく、さらに「どこをどうした」という詳しい伝え方を覚えることができました。自分から、「ひざがいたい、ひざをいたくした」と表現したのです。すばらしいですね!!

「こういうふうに表現すると、ママに分かってもらえる！」と　さんが実感したとき、
「声を出してことばを言う」「身ぶり、指さしをする」方法って便利だな！と感じとってもらえます。

すると、いろんな人にことばを使おうとします！

④みんなに教えていた…

色んな人に伝わることが分かると、　さんもたのしくなり、その結果やりとりがふえ、ことばを獲得するチャンスもふえるのですね！

1）かくしあそび

「かくしあそび」とは、年中児を対象に自分の選んだぬいぐるみを隠し、鬼が見つける遊びです。通常行われている「かくれんぼ」は、音声の聞き取りが困難な子どもには難しいです。それでも鬼に見つけられるスリルを味わって楽しんでほしいと思い、取り組んでみました。図３−３はルールを説明した絵の一部です。

このとき、保護者にも遊びに参加してもらい、どこに隠そうかと考えたり、見つけられたときに残念がったりする様子を音声や手話、動作などで演じてもらうようお願いしました。子どもたちは、この遊びがとても気に入ったようで、「もう１回しよう！」と伝えてくれました。繰り返すうち、保護者が隠していた場所に真似して隠してみたり、自分で新しい場所に隠してみたりする様子がみられるようになりました。さらに、大人が使っていた「どこに隠そうかな？　カーテンの陰に隠そうかな？」「しまった、見つかった」といった表現を真似て使うようになりました。周囲の人が使っている話しことばや手話などを自分の表現として取り入れていることが伝わってきました。

子どもの好奇心や意欲をかき立てる遊びとともに、周囲の大人がモデルとなる言動をとることで、子どもが自ら吸収することを改めて学びました。

図３−３　「かくしあそび」のルール説明（一部）

出典：筆者作成。

2）発音指導の教材を応用した指導

図３－４　発音指導の教材
出典：筆者作成。

図3－4は、ハ行音の発音指導を目的として作った教材の一例です。「ハ」の発音要領を指導した後、語頭にハのつく単語の発音をするものです。

はじめは、文字と絵を見て発音。次に文字を見て発音。そして絵を見て発音するといった要領で進めます。子どもの実態や指導の目的によって、様々な使い方も試してみました。例えば、文字を見て指文字と音声を表現する。絵を見て手話で表現する。最終的には絵を見て指文字と音声、手話でも表現するといった活動です。また、子どもと教員とで役割を交代し、教員が正しく表現しているかを子どもにたずねますが、子どもは実によく見ていました。また、指文字や音声、手話で表現したものを選んで指差すといった当てっこ遊びもできました。

教材に指導を合わせるのではなく、同じ教材でも目的や使い方によって様々な効果が得られることを実感しました。

4　医療・福祉等の関係機関との連携の意義と実際

聴覚障害の早期発見から療育・教育につなげていく体制や流れについては、地域によって異なります。多くの聾学校では、病院や療育機関などからの紹介により早期教育相談を始めています。

また、地域や子どもの障害の状態等によっては、難聴や他の障害に応じた療育を行う児童発達支援センター等も利用する場合や、保育所に通いながら定期的に早期教育相談に来校するケースもあります。

関係機関との連携については、本書第10章で述べますが、ここでは、早期教育相談や幼稚部における教育を行う場合、特に重要と思われる連携を取り上げ、その意義と実際について述べます。

(1) 早期教育における連携の意義

早期教育相談や幼稚部における教育では、子どもの障害の状態や発達の程度などを把握しながら進める必要があるため、医療機関との連携がとても大切です。聴覚障害の種類や程度、聞こえ方などに関する検査結果や医師や言語聴覚士などの専門家の所見は、子どもの実態を把握する上で重要な情報です。

また、児童発達支援センター等で行っている療育の内容やそのときの子どもの様子を知ることも子どもの実態把握をするうえで重要な情報です。さらに、保育所での様子は、子どもの遊びや人との関わりなど生活を知るうえで、家庭の様子と同様に重要な情報です。

子どもの実態を医学的側面、心理学的側面から客観的に把握するほか、生活や発達の側面から把握することで、子どものことや保護者の思いをより深く理解し、必要な相談支援や指導を計画することが期待されます。関係機関との連携は、子どもと保護者に対する教育相談や指導の質を高めることにつながります。

特に、保護者にとって、関係機関同士がつながり、連携していることが、大きな心の支えとなります。聴覚障害のある子どもとその家族にとって、子どもの発達段階を把握しながら、その時々に応じた療育や教育を切れ目なく受けられるようにするため、医療や福祉等と連携した取組みを進めていくことが求められます。

(2) 連携にあたって大切にしたいこと

医療・福祉関係機関などの多職種間との連携をするにあたって大切にしたいことととして、他の職種に対する理解と尊重の意識をもつことを挙げたいと思います。ある医師の方から「私たち医師は、生まれてから成人になっても、ずっと患者さんと向き合っているのですよ」と言われたことがあります。聴覚障害のある子どもが成長し、社会で自立して豊かな人生を歩んでいくことに対する強い願いが込められたことばだと受けとめました。

筆者も子どもの将来の自立と社会参加を目指して教育を行っているつもりでしたが、このことばを聞いて、医療や福祉など子どもを取り巻く関係機関には、それぞれの願いや思いがあることを感じました。同時に、学校が行っている早期教育相談や指導について、そのねらいや指導の意図などをもっとわかりやすく伝えなければならない、と自分に言い聞かせました。

他の職種に対する理解と尊重とは、それぞれの職種がもつ専門性や業務上のルールを理解し、それを踏まえた具体的な連携のあり方を考えることだと思います。

(3) 関係機関連携の実際

「連携」ということばには、実体がありません。このため、「誰が、何を、いつ、どうするのか」といった連携の具体を明らかにしておく必要があります。ここでは、早期教育相談や幼稚部における指導において、私が重視した取組みを紹介します。

1) 医療機関との書面による連携

筆者が早期教育相談を担当していたときは、医療機関からの紹介状をもって保護者と子どもが来校するケースが大半でした。

紹介していただいたケースについては、次回、医療機関を受診する際に、紹介に対する返信を必ず行うようにしました。学校で行った聴力測定や音に対する行動観察、今後の相談予定などを書面にし、保護者を通して渡してもらいました。その際、留意したことは、簡潔明瞭に記載することです。限られた診療時間なので、必ず１枚に収めるようにしました。

また、「音に対する反応を見てほしい」などといった主治医から要望のあった事柄については、聴力測定や玩具・楽器音などの音の反応に関する観察結果などの情報を提供するようにしました。このような書面によるやりとりを重ね、保護者を通じて病院から情報を得たり、補聴器調整に関する助言等を得たりすることができました。

2) 校内の協力による連携

これまで医療や福祉関係機関との連携について述べてきましたが、筆者は、学校内の連携も重要だと考えています。保護者は、自分の子どもがどのように成長していくのか、子どもたちはどのような教育を受け、どのような進路先があるのかなど、将来の見通しについても情報を得たいと考えています。

筆者は、聾学校では幼稚部と小学部での指導経験しかなかったため、早期教育相談での保護者学習会では、校内の協力を得て、例えば幼稚部や小・中・高等部の教育について各部主事から話してもらったり、進路先について進路指導主事から話してもらったりしていました。学校内に聴覚障害のある教員がいる場合には、当事者として体験談などを話してもらうことも有益だと考えます。

乳幼児期から学校卒業後までの長い期間について、一人の教員が熟知して対応することは非常に難しいものです。そのため、学校内の連携を通して、保護者に対して幅広い情報を継続して提供することが期待されます。同時に、校内の教員に早期教育相談について理解してもらう機会にもなると考えています。

乳幼児期は、周囲の環境の有り様が、発達に大きく影響します。この時期の教育は、保護者も教員も、自身が経験したことのない取組みをすることになります。このため、「なぜ、この活動をするのか。それは、子どもの成長にどうつながるのか」を教員自身が考えたり、同僚に聞いたりして取り組んでほしいと思います。

引用・参考文献

1）文部科学省（2021）「聴覚障害のある児童のための音楽指導資料」https://www.mext.go.jp/content/20210317-mxt_tokubetu01-100002897-3.pdf（2022 年 11 月 5 日最終閲覧）。

2）文部科学省（2018）「特別支援学校教育要領・学習指導要領解説　総則編（幼稚部・小学部・中学部）」https://www.mext.go.jp/component/a_menu/education/micro_detail/__icsFiles/afieldfile/2019/02/04/1399950_3.pdf（2022 年 11 月 5 日最終閲覧）。

・文部科学省（2022）『障害のある子供の教育支援の手引――子供たち一人一人の教育的ニーズを踏まえた学びの充実に向けて』ジアース教育新社。https://www.mext.go.jp/a_menu/shotou/tokubetu/material/1340250_00001.htm（2022 年 7 月 28 日最終閲覧）

・文部科学省（2020）『聴覚障害教育の手引――言語に関する指導の充実を目指して』ジアース教育新社。https://www.mext.go.jp/content/20200324-mxt_tokubetu02-100002897_003.pdf（2022 年 11 月 5 日最終閲覧）

（庄司美千代）

第4章

小学部・中学部の指導

本章では小学部や中学部における指導について、その基本となることを述べることにします。

幼稚部と異なるのは、特別支援学校小学部・中学部学習指導要領に基づいて指導を行うことです。特別支援学校においては、小学部は小学校に、中学部は中学校に相当します。したがって、小学校学習指導要領や中学校学習指導要領との関係にも留意することが必要です。小学部・中学部学習指導要領は、基本的には、小学校学習指導要領や中学校学習指導要領を基にして作成されています。したがって小学校や中学校での指導経験のある先生方は、まずはそこで行っていた指導方法を基にして、聾学校の子どもたち、即ち、耳の不自由な子どもたちの実態に即して、指導目標や指導内容・方法を工夫することが大切です。

小学部・中学部においては、幼稚部とは異なり、国語科や算数科などの教科指導を行います。また、特別支援学校独自の指導領域である自立活動の指導も行います。なお、特別支援学校においては、知的障害のある子どものための教科も設けられています。例えば、国語科や算数科、そして、生活科など、小学校と同様の名称ですが、教科の目標や内容が、知的障害のある子どもに対応したものになっていることにも留意が必要です。

本章では、こうしたことを踏まえ、小学部や中学部で耳の不自由な子どもに指導する場合の、最も基本的な事柄や留意したい事柄について説明することにします。各教科等の指導や自立活動の指導の進め方については、小学部・中学部学習指導要領の解説や本書の第6章などを参考にしてください。

1 子どもを知ること

(1) 実態把握とアセスメント

聾学校での指導経験を基にして述べることにします。筆者が小学部の４年生を受け持ったときに最初に考えたことは、「さあ、４年生の国語の教科書を使って教えよう」ということでした。教師であるからこそ、教えなければという気持ちが先に立ったのかもしれません。しかし、それで授業がうまく進むはずもありません。教科書の内容が子どもにどのように受けとめられているのか、それを把握しないと、発問も子どもからの回答も、教師自身が受けとめられないことを知りました。

そこで、実態把握の重要性を噛み締めることになります。頭で理解することと、実際に子どもとのやりとりを通して実感することの違いを知りました。

最近では、「アセスメント」という表現も用いられます。筆者は、実態把握ということばと変わらないように思います。確かに、例えば聴力検査にしても言語力の検査に関しても、様々な機器やテストバッテリーが開発されました。それらを用いて科学的に実態を把握するという意味では、アセスメントという表現が似つかわしいような気がしますが、子どもを知るという意味では、実態把握でもいいように思います。要は、いかにして子どもを多面的かつ客観的に把握するかということにかかっています。そして、把握した子どもの実態に基づいて、いかにして指導目標を設定し、指導する内容・方法、プロセスを計画していくかが大切です。実態把握かアセスメントかということばや表現だけに留まらず、それを行うことに関して、何が大切か、その本質に迫ることを忘れないようにしてほしいと思います。

実態把握をするためは、子どもを知りたいと思うことが大切です。それは、子どもから教えてもらう（子どもから学ぶ）という表現のほうが適切であるかもしれません。

筆者が学校現場で学んだこと、それは、聞こえにくい子どもが何を考えているかを知ろうと努力することが何より大切であり、それが実態把握の基本だということです。

(2) 生活を通して知ること

子どもがまだ小さかったり、聴覚障害のほかに何か別の障害があったりする場合、自分の思いを表現することが難しい可能性があります。こうした子どもの場合、ことばでの表出が少ないことがあります。そのようなときに、子どもは自分なりの思いを抱いていないと考えてしまっていいのでしょうか。それは、違うと思います。担任である自分には、子どもの表出を的確に把握する手立てが、まだ見つかっていない、あるいはもち合わせていない、と考えたいものです。

聾学校にも、様々な実態の子どもがいます。それぞれの子どもは、何らかの思いをその子なりの方法で表現しています。だから、その方法を知る必要がありますが、そのために特別な解決策が私たち教師にあるわけではないと考えます。

子どもとの生活を共にして、その中から、子どもの思いを把握する術（方法）を学び取ってほしいと思います。

子どもはことばでは表現しにくくても、その思いを表情や、しぐさ、時には視線によって表します。それらを受けとめる素地を聾学校の教師は身につけたいものです。

興味・関心の例としては、子どもの好きなことや嫌いなことが挙げられます。それを知るには、積極的に教師のほうから子どもに関わり、その中で把握することが有効です。ことばでの語りかけが大切です。聞こえにくい子どもの場合は、子どもの得意なコミュニケーションの方法を用いることが大切です。そして、子どもからの反応を待つことも必要です。何より子どものペースで行うことが欠かせません。ことばの力を育てようとするあまり、教師側からの一方的な関わりにならないように気をつけることも大切です。子どもから好かれるようになること、つまり、子どもが興味のある対象として、教師を認めてくれるようになりたいものです。

こうしたことは、重複障害のある子どもでも、中学部の生徒でも、基本的には同じです。身振りや動作、視線などの身体の活動を通して、意思疎通を図ることもできるでしょうし、部活動などの機会を活用した意思疎通も有効です。

何より、教師自身が子どもの思いを知りたいという気持ちをもって、機会を見つけて子どもに関わることが、子どもを理解することにつながると考えます。

(3) 想像力を働かせること

子どもを知ることに関しては、子どもに関わりながら、子どもの思いを想像するしかありません。その想像がいつもあたるとは限りません。初めは、あたらないことのほうが多いと思います。しかし、子どもと関わる時間が増えるに従い、「こんなふうに思っているのでは？」という想像があたるようになるものです。根気強く、想像することを続けてほしいものです。

聾教育においては、子どものことばの力を伸ばすことが求められます。それゆえ、子どもと場を共有して、そこで必要と思われることばを投げかけて、言わせたりしながら、語彙力を伸ばす努力をします。そこでのハプニングとして、よくこんなことがいわれます。

「子どもが咲いている花をじっと見つめているので、『きれいだねえ。○○という花だよ。いい匂いがするね』などと、花の名前を教えたくて話しかけていたが、しばらくたって花を見てみると、ハチが蜜を吸っているのがわかった。子どもは花を見つめていたのではなく、ハチを見つめていたのだと気づいた」

こうしたことは、しばしば起こることかもしれません。しかし、子どもの興味・関心がわかれば、語りかけることばも変化してきます。場に即した適切なことばがけができるようになるものです。

子どもが何に興味をもっているか、どんなことをしようとしているのかなど、教師として関わる側が想像力を働かせてことばがけをすることが大切です。生活の中でのこうした経験は、いずれ授業での発問に生きてきます。筆者自身、やみくもに発問をして失敗しました。発問は、子どもの思考を導く働きをします。それゆえ、授業では欠かせません。生活の中での子どもたちとの関わりが、授業場面にも影響することを肝に銘じたいものです。

(4) 子どもの成長に合わせること

聾学校における子どもへの声がけは、その年齢や発達段階に応じて工夫していくことが大切です。それは、小学校や中学校での先生方のことばがけをみてみればわかることでもあります。ていねいすぎることば、年齢にそぐわない幼児語などでの声がけなどは控えるべきです。子どもの成長に即して、その年代に応じた適切なことばがけをすることが大切です。

また、場や相手に応じたことばがけに留意することも必要です。日本語の特徴として、敬語があります。敬語は、具体的な場を通して、経験させながら、その使い方を教えていきたいものです。

日常生活での関わりを通して、子どもの興味・関心や考え方、言語力や知識、雑学などを一人ひとりの子どもの実態として把握し、それを授業の場で生かしてください。

2 授業づくり

教師には、子どもの実態を把握する努力を日々続けながら、毎日授業を行っていくことが求められます。担任としては、毎朝、子どもがどんな表情で登校するか、最初にどんなことを語りかけてくるか、そんなことを想像することが楽しいと思えるようになりたいものです。子どもとの関わり始めは、なかなかそんな気持ちにはなれないものですが、小学生であれば、「先生は、今日どんな洋服を着て来るかな？　私に何と言ってくれるだろう？」などと考えているかもしれません。中学生ともなれば、「今日の部活では、こんなことができるぞ」などと、自分の興味・関心に即して、小学生とは異なる思いをもっているものです。

こうした子どもたちの思いをいち早く察知し、教師が子どもたちにどんなことを語りかけるか、これが授業の第一歩になります。つまり、授業は、個々の子どもたちと先生が一緒に作っていくものだと考えてください。

筆者が、こうした思いを抱くようになったきっかけについて説明します。

第1章でも紹介した大村はま先生という、戦後の中学校で教鞭をとられた方がいました。その方が書かれた『教えるということ』[1)] という本に出合ったのが、授業について考えるようになったきっかけです。それ以前に、聾学校で研究授業などをした折に、先輩の先生方から自分の授業のまずさを指摘され、どうすればいいのだろうかと悩んでいたという前提もあります。

これから、授業実践をどのように進めていけばよいかについて、大村はま先生の本から、筆者が学んだことも紹介しながら、説明することとします。

（1）指導とは

『教えるということ』の中で、大村先生は恩師から言われたことばを次のように紹介されています。

> 「仏様がある時、道ばたに立っていらっしゃると、一人の男が荷物をいっぱい積んだ車を引いて通りかかった。そこはたいへんなぬかるみであった。車は、そのぬかるみにはまってしまって、男は懸命に引くけれども、車は動こうともしない。男は汗びっしょりになって苦しんでいる。いつまでたっても、どうしても車は抜けない。その時、仏様は、しばらく男のようすを見ていらしたが、ちょっと指でその車におふれになった。その瞬間、車はすっとぬかるみから抜けて、からからと男は引いていってしまった」（中略）
>
> 「こういうのがほんとうの一級の教師なんだ。男はみ仏の指の力にあずかったことを永遠に知らない。自分が努力して、ついに引き得たという自信と喜びとで、その車を引いていったのだ」
>
> （大村はま「仏様の指」[1]）

この「仏様の指」の話は、指導の本質を述べていると思います。先生と子どもの関わりについて、このような形がひとつの理想であろうと考えます。

私たちはとにかく、子どもの状態を斟酌せず、教え込むことに終始しがちですが、子どもの主体性を尊重することが大切であることはいうまでもありません。しかし、子どもが課題に取り組む姿勢は、一人ひとり異なるものです。したがって、そうした子どもの状態を的確に把握して、それぞれの子どもに合った手立てを講じて、子どもの主体的な学びを支援していくことが指導なのだろうと考えます。

1）指導と支援

昨今、様々な場面で「支援」ということばが用いられます。少なくとも、教育においては、指導と支援を区分けして使いたいものです。このことに関しては、こんな経験があります。

1989（平成元）年に告示された小学校学習指導要領においては、新しい教科として、生活科が導入されました。なぜ生活科が新設されたかというと、当時、子どもの教育において「教え込み」という課題が提起されました。知識を暗記させよう、ともかくたくさん覚えさせよう、そんな傾向が見受けられました。また、子どもの手先の不器用さも話題になりました。リンゴの皮がむけない、小刀で鉛筆を削れない、鶏の絵を描かせたら足の数が多かった、魚の絵を描かせたら切り身だった、などの例が出されました。

そんなことから、もっと実生活に即して、物事を考えたり、体験や経験に基づいて考えさせたりすることが必要であるといわれました。

それまでの暗記型の教育から体験型の教育へ、受動的な学習から能動的な学習へ変わる必要があるとして、新たな指導観が求められました。それをリードする新たな教科として「生活科」が、小学校学習指導要領に導入されました。

当時の教科調査官の説明で印象に残っているのが、「スズメの学校からメダカの学校へ」という話です。それぞれ、童謡の歌詞の一部を取り出し、対比して、教育観の違いを説明していました。これまでの学校は、「むちをふりふり、ちーぱっぱ」だったけれど、これからの学校は、「だれが生徒か先生か」と表現できるようになる必要がある、ということを表したものと受けとめました。

こんなことも影響してか、当時は「教えること」が控えられるようになりました。結果として、子どもの年齢に応じて、基礎・基本となることをしっかり身につけさせることがおろそかになったようです。

そして、「支援」ということばが多用され、結果として「指導」ということばが敬遠されることになりました。指導と支援には、それぞれに意味があります。指導ということばは、決して押しつけることを含みませんが、そのように誤解されたように感じました。

2）“teach”と“support”

『広辞苑 第六版』では、指導は、「目的に向かって教えみちびくこと」、支援は、「ささえ助けること」と、字句の解説に留まっていました。そこで、『OXFORD 現代英英辞典』を用いて、指導（teach）と支援（support）を比べてみましょう（表4－1）[2)]。

指導（teach）については、単に教えることだけでなく、「自分でできるように導くこと」と、教える際の目的あるいは配慮も併せて述べています。少なくとも、無理矢理教え込むというような意味には感じ取れません。

支援（support）についても、単に助けてあげるだけでなく、「もし、必要としているなら」という条件を加えています。何でもしてあげることがいいというような価値観は感じ取れません。当事者の主体性や手伝ってほしいという申し出の大切さを表現していると考えることができます。

聾学校では、そのような主体性を伸ばすためにもことばの指導が重要です。これは、幼稚部だけのものではありません。小学部の児童の年齢に即して、用いることばを増やす指導が必要であり、中学部の生徒においても、年齢や興味・関心に即して、必要とされることばを理解する指導が大切です。

(2) 指導のねらい

聾学校で研究授業をした折に、よく先輩から注意されました。それらをまとめたものが、図4－1です。

国語科の教材を例にして、その選択やねらいの設定について、私の経験を

表4－1 「指導」と「支援」――英英辞典における表現

Teach to show somebody how to do something so that they will be able to do it themselves	指導 自分でできるように、そのやり方を示す（見せる）
Support to give or be ready to give help to somebody if they need it	支援 もしその人が必要としているなら手助けをする

出典：文献2）より。

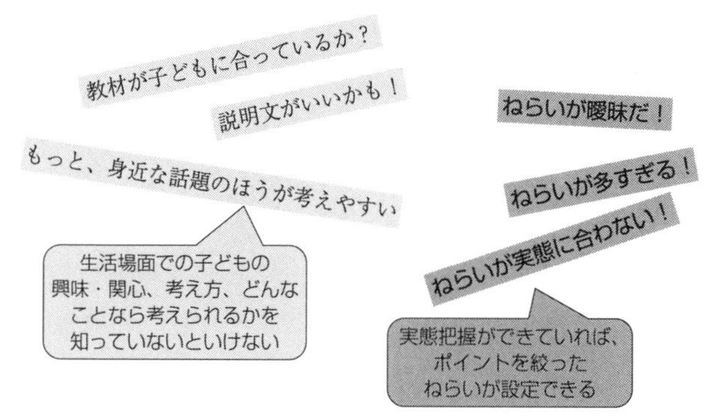

図４－１　教材の選択、ねらいの明確化

出典：筆者作成。

基に考えてみます。他の教科にも応用することができますので、それぞれの教科の特質に応じて考える際の参考にしてください。

教材については、それが本当に子どもの興味・関心や考え方に合っているかを確かめるようしばしばアドバイスされました。教師として扱いたい教材が、子どもも学びたいと思うような教材かについても考えさせられました。先生が扱いたいし、子どもも学びたいもの、それを追求することが大切です。

時には、「物語文よりも、説明文や生活文のほうが子どもに合っているかもしれないよ」というような助言もいただきました。まずは、子どもにとって身近な話題を題材にして、読みの基礎を身につけさせることが大切だとも言われました。そのためには、生活の中で、どんなことならこの子は興味をもって考えられるか、を把握しておくことが重要になり、失敗を繰り返しながらも、子どもに合った教材の選択に努めるようになりました。

今、話題となる主体的な学習は、当時から取り上げられていました。子どもが読みたいと思うような教材から取り組むことが大切です。また、教科書に載っているからといって何時間もかけて扱うことが本当によいことなのか、とも疑問を呈示されました。子どもが飽きてしまっては、読もうとする気持ちなど起きないからです。こうした点でも、子どもの思いを推測することは、重要なことであるといえます。

授業においては、「本時のねらい」を最初にきちんと明示することが大切です。当時は、短冊黒板などを用いて掲示したものです。聾教育においては、ことばや日常生活における雑学等に関して、それらを拡充したり確認したりするため、横道に逸れて指導する必要に迫られる場合があります。このことは、国語科に限らず、他の教科においても起こることです。したがって、「今日の授業では何を考えなければいけないか」に、先生も子どもも、すぐに立ち返られるように、黒板に明示しておくことが大切です。

指導のねらいについても、工夫することが必要です。指導書にあるねらいをそのまま使ってもいいのかどうかについての判断には、子どもの実態把握が鍵を握るものです。子どもの実態に即したうえで、指導のねらいを絞り、しかも、多過ぎないようにすることが大切です。また、曖昧なねらいにならないように努め、評価しやすい具体的なねらいを設定することも必要です。

こうしたことは、国語科に限らず、他の教科等においても留意したいものです。

(3) 指導の工夫

指導にあたっては、授業の流れを簡単に頭に描けるようにしておくことが大切です。略案でよいと思います。まずは、略案を書くことに慣れる必要があります。そして、授業後に自ら指導を振り返り、気づいたことを書き留めておくなどして、授業の改善に努めてください。

図4－2に挙げた例は、コンビニ弁当を購入したときにもらった箸袋に記載してあった絵や文字を基に、読みの指導をすることを想定して、指導のプロセスを整理したものです。

日ごろから、子どもの実態を把握することに努めていれば、身近なものを目にしたときに、「こんな題材を子どもと一緒に考えたい」という気持ちが湧くものです。それを大切にしたいと考えます。

身近な素材を基に、「この題材なら、こんなことが考えさせられそうだ」「受け持っているAさんなら、どんな反応を示すだろう」「Bさんでは？」というように、指導の場面が浮かんでくるものです。日常のこうした発想が、授業をしたいという先生の気持ちの基になると思います。

「実践」から授業改善に取組む

〈題材例〉
コンビニ弁当を買ったときにもらった箸の袋

つまようじ注意
開封時にご注意ください
プラ
PP

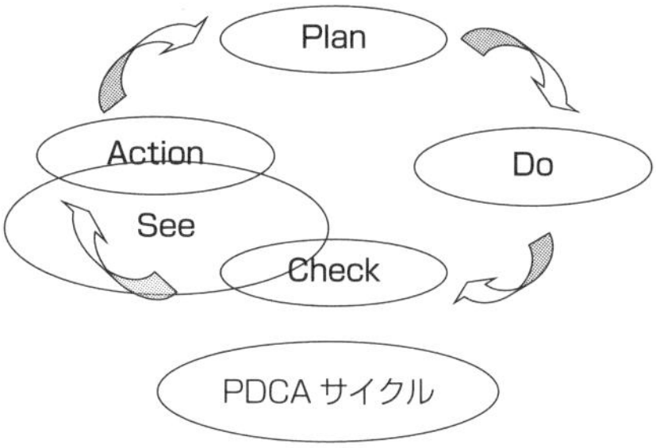

Plan
Do
Check
See
Action
PDCA サイクル

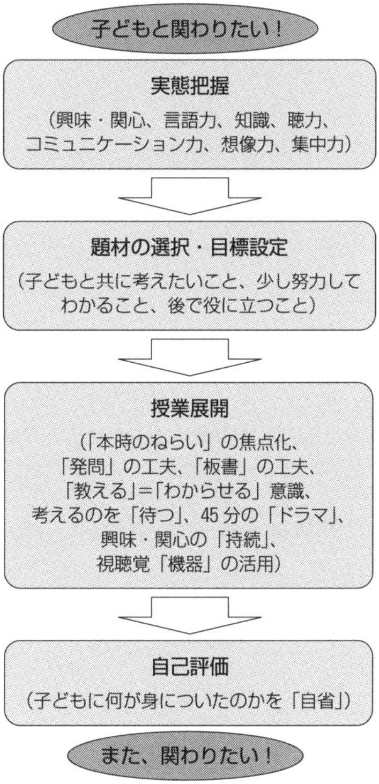

子どもと関わりたい！

実態把握
（興味・関心、言語力、知識、聴力、コミュニケーション力、想像力、集中力）

題材の選択・目標設定
（子どもと共に考えたいこと、少し努力してわかること、後で役に立つこと）

授業展開
（「本時のねらい」の焦点化、「発問」の工夫、「板書」の工夫、「教える」=「わからせる」意識、考えるのを「待つ」、45分の「ドラマ」、興味・関心の「持続」、視聴覚「機器」の活用）

自己評価
（子どもに何が身についたのかを「自省」）

また、関わりたい！

図4－2　授業改善の取組みを

出典：筆者作成。

そして、指導をした後に、「次はこんなことを加えて、あるいはやり方を変えて、また、指導をしてみたい」と思うことが重要です。

「PDCA サイクル」ということばが話題になり、教育の場面においても、この考え方を活用することが必要だといわれています。指導にあたっては、子どもの実態把握をし、指導の計画を立て（Plan）ます。次に、子どもの状態に応じて、指導の展開を工夫し、実際に子どもに関わります（Do）。さらに、指導がうまく進められたか、子どもがどんな反応をみせてくれたかを整理します（Check）。そして、これらを基に、次はどのような指導をしてみようかと構想を練ります。これがまさに指導の改善にあたります（Action）。

こうした流れを考えるときに、どこにエネルギーを集中するかが大切です。

いずれも同じような比重で行おうとすると、最後までエネルギーが保てない場合があります。そこで筆者は、「p－D－c－A」と考えたいと思いました。つまり、展開（Do）と改善（Action）を重視したいということです。その訳は、学校現場で実践をしているときに、「授業では、アドリブが大切だ」と、先輩から教わったからです。

つまり、子どもの状態や反応に応じて、子どもの考える道筋に沿うことを大切にする必要があるという考え方です。子どもが考えること、気づくことを重視する授業は、教師があらかじめ想定したことを淡々と教えるだけでなく、子どもの考える方向に沿って、横道に逸れ、そこで活動した後に、また想定した指導の流れに戻ってもいいのではないでしょうか。このようなことを進めていく聾教育は、とても時間がかかる教育です。そういう意味で、改めて聾教育の難しさを認識する機会にもなりました。

次に、経験的に理解したことで、聾教育において大切にしたい事項を筆者なりに整理してみました（図４－3）。

箸袋の絵や文字を基に、子どもとどんなやりとりをしたいか、略案に沿って考えてみます。

- 絵などの視覚的な情報を活用すること
- 経験を基にして考えさせること
- 絵と文字を結びつけて考えること（ことばのもつイメージ［意味］を確認する）
- 想像して答えることと根拠を明確にして答えることの違いに気づかせること
- 「なぜか」を考えさせること

特に、授業においては、「なぜか？」「どうしてか？」と問いかけ、考えさせる発問を工夫することが大切です。なぜなら、それが物事について深く考える基本となるからです。

（4）指導の振り返り

最近では、機器の発達により、映像で記録することが多くなりました。そ

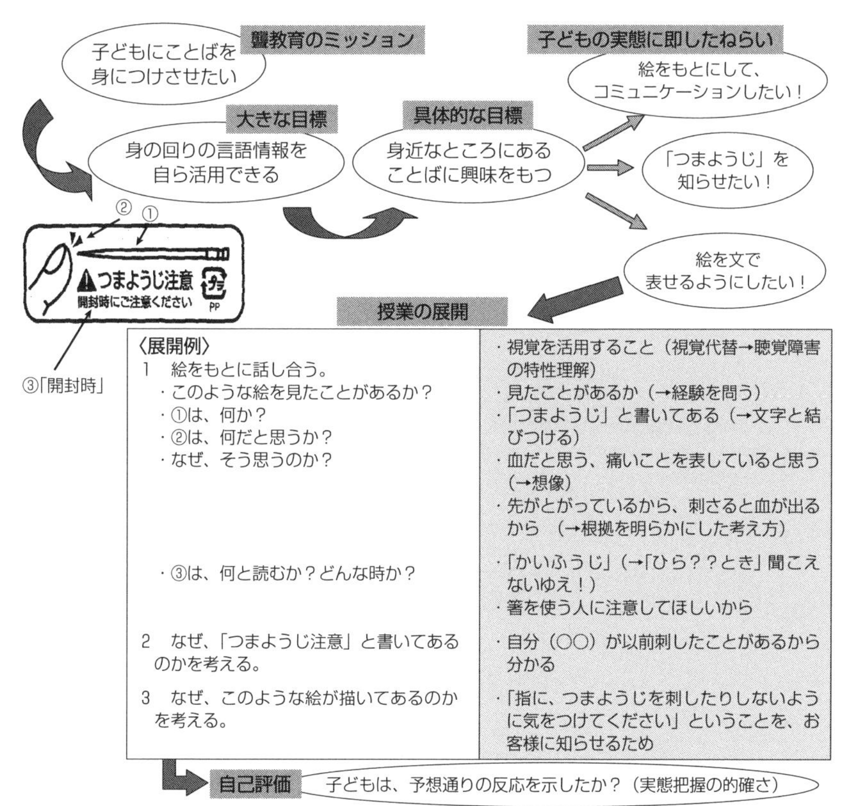

図4－3　授業の展開（略案）

出典：筆者作成。

の映像を見ながら、授業を振り返ることが一般的かもしれません。指導案通りに進んだか、子どもたちへの発問が正確に受けとめられたか、子どもたちからは偏りなく回答が得られたかなどの視点で、評価が行われます。

筆者が聾学校で授業をしていた頃は、ビデオ機器も大型で重く、持ち歩くのが大変でした。現在では小型化し、記録媒体も簡便なものになりました。スマートフォンで録画もできるようになり、振り返りが楽になりました。

こんな状況においては、改めて発問や板書を基に授業を振り返ることが重要です。その方法としては、発問や回答を文字に書き起こして、見直してみることも必要です。昔ながらの方法ですが、より適切な発問を考えるうえで

・私が現場で勉強した材料
・『ろう教育』9 月号 1967
加藤学級 研究授業の記録
32〜39 頁
・『ろう教育』10 月号 1967
同上　17〜21 頁
・『ろう教育』11 月号 1967
同上　31〜35，40 頁
・『ろう教育』12 月号 1967
同上　20〜33 頁

教師の発問と、子どもの
回答の書き起こし

・『ろう教育』12 月号 1968
研究授業の記録 26〜36 頁

・『ろう教育』7 月号 1969
一ぴきのかえる（小二国語）
6〜14，19 頁

・『ろう教育』12 月号 1969
関地研報告 (1) 2〜14 頁
・『ろう教育』1 月号 1970
関地研報告 (2) 14〜22 頁

・私の実践報告
・『聴覚障害』7 月号 1986
国語科の指導 9〜15，40 頁

図 4－4　「発問」を研究するために

出典：筆者作成。

役に立つような気がします。45 分や 50 分の授業時間をすべて録画して書き起こす必要はないと思います。授業の山場となる場面の例えば 10 分間の応答を書き起こしてみるのであれば、個人でもできそうです。

『聴覚障害』という雑誌において、こうしたやり方で授業研究をした事例がいくつも紹介されています。ぜひ、バックナンバーを参考にしてほしいものです。

図 4－4 に、その一部を紹介します。

(5) 発問と板書

発問と板書について、聾学校での経験から気づいたことを図 4－5 に整理しました。

発問については、「子どもは、マッチング（文脈や意味を考えず、機械的にことばとことばを合わせること）をして答えているよ」「同じ発問を繰り返し過ぎだよ」「繰り返しているうちに、発問の趣旨が変わってしまっているよ」「だから、発問は、1 回で決めなさい」、時には「答えを言ってしまっているよ」と他の先生から言われたこともありました。「何を考えさせたいのか、先生のほうで考え方が固まっていないから、曖昧な発問になるんだよ」と指

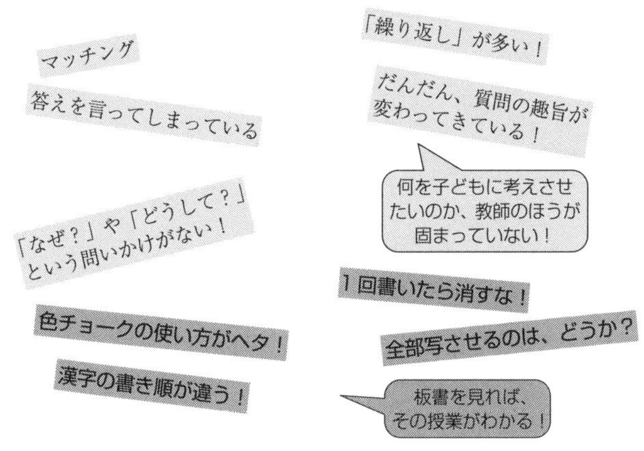

図4－5　「発問」や「板書」について

出典：筆者作成。

摘されたこともありました。

そして、「「なぜ？」や「どうして？」の発問がなかったよ」という指摘に加えて、本時で考えさせたいことは何だったのか、つまり「ねらいが頭に入っていなかったのでは？」というような厳しい指摘もありました。

板書については、「色チョークの使い方（ルール）を日頃から決めていないのでは？」、また、「漢字の書き順が間違っていたよ」という意見もありました。今はあまり書き順にこだわった指導は少ないかもしれませんが、以前は、世の中にルールがあることを理解させるために、聾学校では書き順についても子どもにしっかり考えさせたい、という思いがありました。

また、「板書は、1度書いたら消すな！」「全部書き写させるのは、どうか？」という指摘もありました。ノートに書き写しているうちに、次の授業時間に入ってしまい、次の時間の指導に支障が生じてしまうという理由に加えて大事なことは何かを子どもに考えさせることが大切だという理由から、そう言われたのだと思います。

授業後、板書全体を眺めてみることは子どもに、その授業のねらいは何だったのか、どんな展開であったか、子どもがどんな反応をしたか、予定したところまで授業が進んだのかなどについて、授業を振り返る絶好の機会となります。今は、スマートフォンなどで簡単に映像として記録しておくことができます。後はその記録をどのように次の指導の改善に生かせるかが重要です。

授業づくりには、特効薬がありません。これまで述べたことやこれまでの聾教育の財産を振り返りつつ、自ら指導力の向上に努めることが大切です。

3 教材探し

「どうして」や「なぜ」という質問にどう答えるかについては、生活の中で、子どもにどのように考えて回答すればよいかを理解させておくことが大切です。

例えば、クラスメートの「Aさんは、今日、どうしてお休みなのかな？」と教師にたずねられて、子どもが即座に「わかりません」と答えるようでは、教科書の中で「ごんぎつねは、どうして栗を兵十にあげたのかな？」という発問には適切に答えられないと思います。「昨日、Aさんは、咳をしていた」「帰り際、元気がなかった」などと結びつけて、理由を想像することも大切です。そのためには、生活のなかで、「どうして？」という質問に答える練習をするための機会や材料を見つけ、やりとりをしておくことが大切です。

例えば、廊下にある黒板に、「今週、研究会があります。大勢の先生方がいらっしゃいます。廊下や教室をきれいに掃除しておきましょう」と書いておき、それを読んだ子どもに「どうして、教室をきれいにしておかなければいけないのかな？」とたずねてみることなども考えられます。様々な工夫をして、身の回りの表示に関心をもたせるように仕向けておくことも大切な指導です。

教材探しをするためには、子どもの興味・関心、ことばや知識の状況（雑学）などを的確に把握しておくことが必要です。そして、教材探しをする際には、「こんなことを子どもとやりとりしたい」という教師の興味・関心や思い、熱意が、まずは重要です。

教材探しの要点をまとめてみました。

①身近にあるもの

②教師が頭の中で模擬授業をすること

③発問の練習や板書のイメージをもつこと
④機器の発達により、スマートフォンを用いて動画の収録もできるので、それを活用すること
⑤自分なりの題材集を作ってみること

子どもが興味をもちそうな絵を示し、お話を書かせることも、ことばの指導のひとつです。これから教科指導が始まる小学部の１年生に対して、生活言語を身につけさせるために行った実践例が『聴覚障害』誌に掲載されています。見てみていただければ幸いです。

図４−６　赤ちゃんとストーブ
出典：『聴覚障害』9月号、1985年、13頁

図４−６は、赤ちゃんがよちよち歩きをしながら、火の点いたストーブに近づいていく絵です。この絵を見せたところ、子ども達からは、「赤ちゃん、危ない」という表現が出てくることを期待していましたが、実際には「片手を挙げている」や「よちよち歩いている」「やかんから湯気が出ている」などといった回答がありました。子どもたちは、語彙も豊かで、文もしっかり書けるのに、「赤ちゃんが危険だ！（危ない）」とか「やけどしちゃう！」ということばは出てきませんでした。絵を見たときに、“誰もが共通して気がつくことは何か”を考えることは、いずれ、授業において、物語文などの主題が何かを考えさせる勉強にもつながります。

ほかにも、４コマ漫画を活用することもできます。４コマ漫画には、起承転結があります。それゆえ、そのストーリーを書いて、作文の練習をすることができます。以前、受け持った５年生の子どもに、宿題として、４コマ漫画のストーリーを書かせました。どの子も関心をもって取り組むというわけにはいきませんでしたが、一人だけ興味をもった子どもがいて、その子は、毎日自分で新聞から切り取った４コマ漫画をノートに貼り、その横にストーリーを書いてきました。子どもが興味をもって自学自習できる宿題を考えることも、教材探しの醍醐味のひとつです。

＊　＊

まとめになりますが、以上のように、国語科の指導を例にして、小学部の指導について述べてきました。中学部の指導や重複障害のある子どもの指導については、ここで述べたことを応用する形で、担当する先生方の子どもの思いを「想像する力」と指導方法や教材を「創造する力」に委ねたいと思います。個々の子どもに即した指導を追求するという意味で、ここに述べたことを生かしてほしいと期待します。

引用・参考文献

1）大村はま（1979）『教えるということ』共文社。

2）オックスフォード大学出版局（2000）『OXFORD 現代英英辞典』旺文社。

・宍戸和成（1985）「教科指導への準備段階における指導――正確な生活言語を身につけさせるために」、『聴覚障害』昭和 60 年 9 月号、10–13、23 頁。

・宍戸和成（1986）「国語科の授業」、『聴覚障害』昭和 61 年 7 月号、9–15、46 頁。

・宍戸和成（1989）「「指示」を読む」、『聴覚障害』平成元年 1 月号、21–27 頁。

（宍戸和成）

第5章
高等部の指導と卒業後の支援

高等部で生徒に指導する際、目の前の生徒はどんなことに興味・関心をもっているのか、また、教師としてどんなことを心がけて、生徒に接していけばよいのか、さらに、例えば、今、課題となっているキャリア教育については、どんな指導をすればいいのだろうなどと、様々な悩みが思い浮かぶものと思われます。

本章では、はじめに高等部生徒の実態を踏まえたうえで、具体的な指導と卒業後の支援について述べます。

1 生徒理解の重要性

(1) 高等部生徒の多様性

高等部には、多様な教育歴のある生徒が入学してきます。聾学校の中学部から進学してくる生徒のほかに、居住地の中学校から進学してくる生徒もいます。彼らの中には、中学校で友人関係に支障を来したり、学習内容についていけなくなったりして、聾学校高等部に入学してくる生徒もいます。また、情報保障となる手話によるコミュニケーションなどが活用されていたり、同じ障害の仲間がいたりするという理由から、聾学校に入学してくる生徒もいます。

生徒の言語力や聞こえの実態も様々です。社会の出来事を詳しく話してくるような生徒もいれば、日常生活に関する話に関心が少ない生徒もいます。また、人工内耳や高性能の補聴器を活用し、小さな内緒話も聞き取れる生徒もいる一方、大きめの声で話しても聞こえにくい生徒もいます。高等部には、教育歴や言語力、聞こえの実態などが異なる多様な生徒が在籍する場合が多いです。

(2) 高等部の教師が心がけること

高等部の生徒を担当することになったら、生徒をよく知ることから始めてください。聾学校中学部・中学校から引き継いだ「個別の教育支援計画」や「個別の指導計画」などの資料も参考にしつつ、実際に本人と話したり、本人の様子を見たりして、生徒の状況や考えていることを知ることが大切です。具体的には、次のような方法が挙げられます。

- 中学部や中学校の担任に「個別の教育支援計画」や「個別の指導計画」をもとに詳しく話をうかがう。
- 聾学校の生徒であれば、その生徒に関わってきた中学部時代の担任や部活動の顧問等に話を聞く。また、中学部時代に書いた文集等にも目を通す。
- 授業時間以外の昼休みや放課後に、生徒が誰とどんな様子で過ごしているかを観察する。
- 高等部の他の教師に、担当している教科での生徒の様子をたずねる。
- 生徒との信頼関係づくりのためにも、個別面談や雑談も含めて、日常的に生徒と話す。

上記のようなことを通し、生徒の状況や興味・関心を知ったうえで指導を行うことが、生徒に合った指導をするためには不可欠です。

また、生徒の年齢段階に即した接し方・指導をしていくことも大変重要なことです。聾学校の高等部には、様々な実態の生徒が在籍しています。学力的に高い生徒もいれば、高等部の教科書で指導することが難しく、言語面、学力面で基礎的な指導が必要な生徒もいます。

高等部では、本科3年間、もしくは専攻科を含めて5～6年間で、社会自立できる力をつけることが目標になります。聾学校の入り口部分である幼稚部や小学部では、入学してから義務教育が終わるまでの12年間や9年間でこんな力をつけさせたいという目標に基づいて指導を行います。しかし、高等部では、3年後、5年後には卒業という出口が明確に見えることから、聾学校での短い指導期間を踏まえた指導をします。

高等部生徒は、聾学校全体の行事の中心になったり、生徒会活動や部活動の中心になったりしますので、学習面以外での悩みをもつこともあります。このような高等部生徒に対して、教師は放課後なども時間を作り、生徒と関わるようにして、生徒がどんなことを考えているのかを話をして把握するよう心がけてほしいと思います。ただ、留意してほしいことは、教師の年齢と生徒の年齢が近い場合には、友人関係のような話し方やつき合い方になってしまうことです。特に高等部専攻科生徒の場合は、教師と年齢が近い場合があります。教師として、生徒に接するという姿勢をもち続けてほしいです。

また、高等部は遠方から入学して、寄宿舎に入る生徒も多くいます。したがって部活動後の寄宿舎での生活も大きな意味をもちます。自分が担当している生徒が寄宿舎に入っているのであれば、時々寄宿舎に出向き、生徒と話すことも大切です。舎監として寄宿舎に泊まる際は、リラックスした雰囲気で生徒と話し、時にはたわいのない話をすることも必要です。

定期的に、担任の教師と寄宿舎の指導員が、担当している生徒のことで情報共有会をすることもあります。高等部の先生は、部内の先生だけではなく、寄宿舎の先生とも日常的に話ができる関係であることが大事です。

1日の半分を過ごす寄宿舎では、生徒の成長の場となる舎生会（寄宿舎の中での生徒会のようなもの）や寮祭、聾学校の近くを散策する行事などの取組みが実施されています。ある聾学校では、例えば、入学してきた生徒を対象に、寄宿舎の行事のひとつとして「手話教室」を開催しています。手話を知

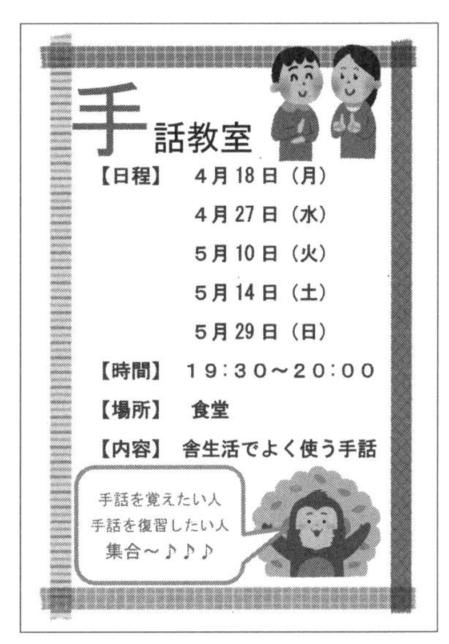

図5－1　寄宿舎で行われる手話教室のお知らせ

提供：筑波大学附属聴覚特別支援学校より。

らない生徒のために行われるものです。手話教室では、寄宿舎生活や学校生活で使う手話を学べるようにしています（図5－1)。このような寄宿舎での取組みも高等部生徒を支える大切なものです。

2 教科指導の実際

(1) 生徒の実態に合った指導

これまでの章に書かれている幼稚部・小学部・中学部の指導のポイントは、高等部についても同様です。高等部の生徒についても、生徒の実態に合わせた指導が大切です。しかし、例えば、学力の程度が小学校高学年程度という教師の評価やアセスメントの結果によって、小学校の教科書を使用するというのは、適切ではない場合が多いかもしれません。

第1節で述べたように、高等部の生徒に対しては、高校生として接することが自然です。したがって、各教科の学習の目標については生徒の年齢や実態に合わせて何が最適かを教師が考える必要がありますが、使用教科書や副読本、教材については本人のモチベーションも考慮に入れながら選ぶことが大切です。

(2) 教科指導の一例

ここでは、高等部の様々な段階の教科指導において、共通して重要と思われることを述べます。

1) 興味をもたせ、「わかる」「わからない」を意識させる学習

高等部の学習内容は、義務教育段階より量が多くなり、内容面でも難しくなります。そのため教師は教え込もうと思うあまり、教科書に書いてある内容を一方的に説明しようとすることがあります。しかし、そのような学習では、生徒が発問に対して考えるという機会もなく、興味・関心ももちにくいでしょう。

小学部・中学部同様、学習内容が難しくなったとしても、学習内容に関連する身近な話や興味が湧く話題が入れば、生徒の学習意欲は増すでしょう。例えば、聾学校の中には機械科や機械系のコースがあり、自動車に興味があ

る生徒がいたならば、漢字の学習において「搭」という漢字を学習する際には「カーナビを搭載する」、「泥」という漢字を学習する際には「愛車に泥がつく」など、興味がある事柄に結びつけて教えると、意欲的に取り組むことができるでしょう。

例えば、国語科の教材である「羅生門」を読む際、羅生門の高さについて調べさせ、高さが約21メートルということがわかれば、聾学校の中で21メートルはどの建物の高さであるかを数学Ⅰの三角比を利用して考えさせたり、事務室で校舎の図面を借りて調べさせたりして、身近な建物の高さと比べることにより、羅生門の高さを実感させることができます。先生と生徒がやりとりをしながら授業を展開していくことが大切ですが、このような身近なことや興味がある事柄と学習内容を結びつけることによって、やりとりがよりうまく進むと思います。

一方、生徒には、どのようなことを促せばよいのでしょうか。高等部の学習内容は難しくなっていきますし、生徒の中には基礎的な読書力が十分に身についていない場合もあります。したがって、教師自身が模範となり、自分が難しく感じたら、どこまではわかって、どこがわかりにくいのかを言えるような雰囲気や意識を作っていくことが大切です。

2）作業や視覚的な情報を意識した学習

作業や視覚的な情報を取り入れた学習は、子どもに学習への意欲をもたせると同時に、習得が期待できます。例えば、ある聾学校の高等部の家庭総合の「被服製作の技能と被服実習」では、ハーフパンツやはっぴの制作の際に、小学部・中学部で学んだ縫い方の映像（小学部・中学部用教科書の指導書に付いているDVD等）を提示して縫い方の復習を指導しています。

また、国語科の指導の場合、高等部でも教科書本文を拡大コピーして黒板に掲示したり、教科書の本文を教室前のディスプレイに映したりすることが有益です。生徒は机上の教科書を見ながら、同時に先生が話すのを見ることは難しいため、教科書本文の提示は大切です。その際に注意しなければならないことは、教科書本文の近くで先生が話すことです。先生の口形や手話と本文が近いと、先生の話にそって本文を読めますので理解しやすくなります。

このほか、化学の原子や分子といった抽象的な題材について、発泡スチロール球を用いて視覚化させることによって、理解を深めようとした実践もあります[1)]。抽象的な内容は、高等部の各教科の学習内容で見受けられます。年間の学習計画の中で、すべての単元について、具体物を作成するといった作業はできませんが、聴覚障害のある生徒が理解しにくい抽象的な概念を含む単元については、具体的な教材を用いた活動を入れていくことも有効な方法です。

3）文章を書く学習

思ったことや考えたことを文章化する学習活動は、日本語の獲得に課題があることが多い聴覚障害生徒に対して、様々な場面を設定する必要があります。文章を書く練習は、なぜ必要なのでしょうか。生徒の中には、話しことばでは相手に通じても、書きことばでは正しい文章にならない生徒もいます。したがって、書く経験や書いた文章を先生に見てもらい、添削してもらうことは大切です。なぜなら、卒業後、就職するにせよ、進学するにせよ、文章を書く機会はたくさんあり、それを第三者が読むからです。

聾学校の中には、年賀状や暑中見舞いなどを担任の先生やお世話になっている先生に出すことを大事な習慣にされている学校もあります。はがきによる近況報告を読んだ親戚やお世話になった人が喜んだり、安心したりすることもあると生徒に伝えることは重要です。

つまり、文章を書くことで、人に喜びを与えるだけでなく、誰かがそれを読み、感想を言ってくれたり、励ましてくれたりすることは、自分にとってよいことである、と生徒に伝えると意欲の向上に繋がるでしょう。

3 自立活動の意義と実際

自立活動については本書の第6章で触れますが、卒業を目前にした高等部の生徒に対する学習内容には、キャリア教育にもつながる内容が多く含まれることもあるので、本章でも取り上げましょう。

(1) 高等部の自立活動の意義

高等部の教科学習は情報量が増え、内容も難しくなります。だからといって、自立活動の時間を教科指導の補習的な時間にすることは適切ではありません。つまり、自立活動の内容が教科指導の基盤になったり、教科指導と自立活動の内容が深く関連したりすることはありますが、本来、その生徒の障害による様々な困難を軽減するために行うのが、自立活動の指導です。したがって、就職を目指す生徒に、就職対策の問題集に取り組むだけの時間になるようでは自立活動の指導にはなりません。実際に就職対策の問題集は解けるようになり就職できたとしても、生徒の障害による様々な困難が軽減されなければ、すぐに離職することになるかもしれません。

高等部の自立活動は、どのような意義があるのか。それは卒業後の就職や進学を考え、現実的に自分の障害について考え、聞こえにくい自分がどのような状況になるのかをイメージし、もし困難なことが生じそうであれば、卒業までにどのような力をつければよいかを考えられる点です。

高等部の生徒の中には、自分の課題に気づき、少しずつ課題の解決のために努力を続け、卒業後就職し、職場定着する生徒も多くいます。

聾学校によっては、高等部での自立活動の年間計画、つまり高等部１年生の１学期にはこんな内容を扱うといった計画が用意されている学校もあると思いますが、自立活動は個々の実態から課題を導き出し、指導目標・指導内容を決定するものです。担当した生徒の実態に合わせ、指導計画を立案してそれを実践することが重要です。そして、指導していく中で、年間計画などを柔軟に修正していく姿勢も必要です。

(2) 高等部での自立活動の内容

以下に、高等部の自立活動の一例をご紹介します。ここでは、卒業を目前にして、聞こえる人とのコミュニケーションや、音に関するマナー、語彙力に課題がある高等部３年生の生徒Ａの個別指導の例を挙げます。

1) 生徒の実態について

- 聞こえる人とのやりとりで困ったときに、どう対処すればよいかわからないことがある。
- 静かなレストランで大きな音をたててしまうなど、場面に応じた振る舞いができない。

- 語彙力が不足しているため、自分の体の調子をことばで言い表せない。

2）指導目標

- 卒業後の職場でのコミュニケーションや人間関係が円滑になるようにする。
- 生活場面での、音に関する注意点を知り、場面に合った振舞いができるようにする。
- 自分の体調を人に伝えることができるようにする。

3）指導内容を設定するためのポイント

- 生徒にとって今どんなことが課題であるのかを自分で見て考えたり、他の先生に聞いたり、本人に聞いたり、保護者にたずねる。
- 生徒にとって優先すべき課題は何かを考え、その生徒にどういう状態からどうなってほしいのかを考え、その課題を克服していくための指導内容を検討する。
- どうすれば生徒が変わるかをまずは自分で考え、次に先輩に聞いたり、本を読んだりする。課題が似ている生徒に対して効果があった指導内容を参考にする（参考にするのであって、そのまま真似るのがよいわけではありません）。

4）指導内容の選定

表5－1にまとめた指導内容の選定のとおり、生徒の実態と指導目標に合わせ、自立活動の6区分27項目を組み合わせて、個々に応じた指導内容を検討する必要があります。

ここでは具体的な指導内容「イ」について説明します。指導内容「イ」は、命や健康を保つために大切なことです。生徒は卒業後、一人で病院に行く機会が出てきます。そのようなときに、自分の体のどこが、どのようにおかしいのかを医師にできる限り正確に伝える必要があります。

聾学校の中であれば、保健室の養護教諭が日頃から生徒の様子を知っており、手話も理解し、体調を汲み取ってくれると思います。しかし、初対面の聞こえる医師に、体のどこがどのようにおかしいのかを伝えるには、工夫や最低限のことばによる説明が必要です。また、医師に診てもらう前後も、「診察前にどのような準備をすればよいか」「病院の受付に着いたら何をどのようにすればよいか」などを生徒に考えさせることも大切なことです[2)]。

自分の体調をメモして持って行く場合、「体がだるい」「脈が速い」「動悸がする」というように、体の状態を正しく伝える力も必要です。難しいことばを伝えられなくても、心臓を指して、ドキンドキンするとか、脈を触って指を上下に速く動かすような伝え方もあります。そして、診察券を窓口で渡す際、受付の人にどのようなお願いをすればよいかも理解させたいものです。受付の方は、聞こえない人とは気づきにくく、音声で名前を呼ぶからです。このような受付の仕組みを教える必要があります。

表5－1　指導内容の選定

選定された項目	健康の保持	心理的な安定	人間関係の形成	環境の把握	身体の動き	コミュニケーション
	(2) 病気の状態の理解と生活管理に関すること。 (4) 健康状態の維持・改善。	(2) 状況の理解と変化への対応に関すること。	(1) 他者とのかかわりの基礎に関すること。 (2) 他者の意図や感情の理解に関すること。 (3) 自己の理解と行動の調整に関すること。	(1) 保有する感覚の活用に関すること。	(1) 姿勢と運動・動作に関すること。	(1) コミュニケーションの基礎的能力に関すること。 (4) コミュニケーションの手段の選択と活用。

選定された項目を関連づけ具体的な指導内容を設定

具体的な指導内容例	ア	イ	ウ
	・公共交通機関を利用している際、食事をしている際など、音に関する気をつけたいマナーに関心をもたせ、場面に応じた行動ができるようにする。	・保健室や病院に行った際、自分で自分の体調を相手に伝えられるようにし、自分の命と健康を保てるようにする。	・高等学校との交流において、筆談や音声、ジェスチャー、簡単な手話を用いて伝えたいことが、相手に伝わるようにする。 ・分からないことを自分から尋ねることができるようにする。

出典：筆者作成。

図５－２　Ａ聾学校でのロールプレイによる指導【病院の受付場面】

さらに、待合室のどのあたりに座って待っていればよいかも生徒に考えさせたい事柄です。待合室の後方に座ってしまうと、受付から見つけにくく、生徒のほうからも受付の方の動きや表情がわかりません。このような場面をロールプレイで再現する場合（図５－２）、生徒が病院をイメージしやすいように保健室を使って行うとよいでしょう。

このように、高等部の自立活動は、卒業後生活していくための大切なスキルや心構えを身につけさせる大切な活動なのです。

4　キャリア教育と卒業後の支援

(1) キャリア教育

「職業教育」「進路指導」「キャリア教育」という一連の指導があります。「職業教育」とは、以前から聾学校でよく使われていたことばで、聴覚障害教育の大きな柱のひとつに位置づけられていました。

この職業教育は、職業に関する教育のことで、社会的・職業的自立に向けて必要な知識や技能、能力、態度を育成するものです。聾学校の高等部や、高等部専攻科には職業学科が以前より置かれていたので、聾学校にはそれぞれの職業学科が築いてきた職業教育の蓄積があります。例えば、歯科技工科であれば、歯科技工に関わる難しいことばを平易に説明する資料を使って、生徒に教育を行っています。

また、印刷関係の科であれば、校内の文集など、身近なものを作る作業を通して、校内の様々な人とコミュニケーションをする経験もさせています。このような職業教育はキャリア教育に含まれます。

「進路指導」は、生徒自身がどう生きていけばよいかを考え、将来に対する目的意識をもち、自分の意志と責任で進路を選択決定する能力・態度を身につけるよう指導することです。進路指導は定義や概念においてキャリア教育と大きな違いがあるわけではなく、キャリア教育の中核をなすものです。

ここまで職業教育と進路指導の説明をしましたが、キャリア教育は、ひとりひとりの社会的・職業的自立の基盤となる能力や態度を育てることを通して、キャリア発達を促す教育とされています。

学習指導要領には、特別活動が「キャリア教育」の要であると明記されています。キャリア教育に関連するのは、自立活動、総合的な探究の時間、特別活動、各教科の指導、道徳などです。

キャリア教育で身につけさせたい4つの力として「人間関係形成・社会形成能力」「自己理解・自己管理能力」「課題対応能力」「キャリアプランニング能力」があります。これらの力は、高等部のみならず、幼稚部や小学部の段階から継続的に行うことが大切です。そして、生涯にわたって学び続ける意欲を維持する基盤をつくるうえでもキャリア教育は重要になります。

現在、全国的にみると聾学校の卒業生が就職する割合が若干高くなっています。卒業生が就職する職種も多岐にわたるようになってきました。そして、進学する場合も、大学・学部が多様化しています。したがって、高等部3年生の担任ともなると、幅広い就職先や進学先の最新情報を得るように心がけなければなりません。大切なことは一人ですべての情報を得ようとするのではなく、先生方の学年集団や高等部の先生方が得た情報を共有することです。現在はインターネットなど情報・収集の方法が多岐にわたり誰でも簡単に最新情報を得られるようになりました。保護者の立場になれば、学校から聞いた情報が誤っていたり、古いものであったりすると、信頼関係を損ねることにもつながります。組織として正確で最新の情報を集めるようにすることが大切です。

・キャリア・パスポート

高等学校学習指導要領（平成30年告示）[3]の特別活動の項目には、「学校、家庭及び地域における学習や生活の見通しを立て、学んだことを振り返りながら、新たな学習や生活への意欲につなげたり、将来の生き方を考えたりする活動を行う」際に、生徒が「活動を記録し蓄積する教材等を活用すること」とあります。

聾学校でもこれを踏まえ、キャリア・パスポートを作成し、小学部から高等部を通して自分の学習状況や経験をもとに職業能力の習得を見通したり、振り返ったりして、自己評価を行い、自己実現につなげていく活動を行うようになってきました。

キャリア・パスポートには、各学期の最初に、学習面、生活面、家庭や地域、部活動、行事などで「何に取り組むか」「どのように取り組むか」を生徒が記載し、学期の終わりに「何に取り組んできたか」「どのような点がよかったか」を記載することになっています。

大切なことは、学期の終わりによかった点に限らず「何がうまくいかなかったか」「どうしてうまくいかなかったか」「どうすれば今度はうまくいきそうか」についても考えさせることです。そのようにして、うまくいかなかった点についての振り返りがなければ、同じことを繰り返しかねません。

さらに、気をつけなければならないことは、キャリア教育の時間が、キャリア・パスポートを書くだけの時間にならないようにすることです。書いた内容について、みんなで共有できるところは共有し、話し合うことにより、お互いの身につけたい力の向上につながります。ここまで記したことは、生徒達だけのことではありません。高等部の生徒を教える教師自らも、指導上うまくいかなかったところはどこであったか、どう改善していけばよいか、キャリア教育として行ってきたことが、本当に生徒のためになったのか、あるいは、より適切な方法はなかったのか、と生徒とともに振り返ることが大切です。

また、生徒の障害の状態や特性等により、生徒自らが活動を記録することが困難な場合には、児童生徒の障害の状態や特性および心身の発達の段階などに応じた取組みや適切な内容を個別の教育支援計画や個別の指導計画に記載して、キャリア・パスポートの活用に替えることも可能です。

聾学校のキャリア教育で大事なのは、生徒の自己評価だけではありません。生徒が就職や進学した際に、聞こえる人が多い環境の中にいる場面を教師がイメージし、予想される困難さを生徒に気づかせるとともに、どうしたら困難さを軽減させることができるのかを考えることも重要です。

(2) 卒業後の指導

卒業後の話をする前にしておくべきことがあります。それは、地域の障害者を支援する機関と生徒をつなげておくことです。地域には、障害者を支援してくださる機関があるので、卒業前にそのような機関の名称と役割を説明しておくことにより、卒業後、何か困ったときに生徒が一人でも相談しやすくなります。

学校以外の地域の支援機関に生徒と一緒に訪問をしておくと、生徒は安心して生活できるかもしれません。地域によって名称などは異なりますが、具体的には次のような機関があります。

a. 福祉事務所や福祉課 b. 障害者相談支援事業所 c. 公共職業安定所（ハローワーク） d. 障害者就労相談センター e. 障害者職業センター f. 聴覚障害者支援センターやろうあ協会など。

これらの機関は、聴覚障害者の生活上の様々な相談・支援を行っています。また、聴覚障害者同士のネットワークづくりにも尽力しています。聾学校の生徒は卒業後、周囲が聞こえる人の中で、コミュニケーションがうまくできずに悩んだり、人間関係が広がらずに悩んだり、思ったような人生にならずに悩んだりします。大切なことは、そういう悩んだり困ったりした場合に、保護者や仲間、聾学校の先生、支援機関の方等、誰かに相談できるようにすることです。

悩みや困ったことを一人で抱え込んでしまい、より状況が悪くなる場合があります。そのため聾学校に在学中に、教師が相談の場所や方法を具体的に伝えておくことが大切です。聾学校の卒業後の指導は、学校独自の裁量で行っていることが多く、その方法は様々です。就職と進学のどちらにせよ、卒業した年の夏休みに、聾学校に顔を出すように声をかけ、現在の様子をたずね、困っていることへのアドバイスを行う学校もあります。

また、卒業生が仕事に慣れた夏休みの後に聾学校の先生が就職先や進学先に出向いて、卒業生本人と担当者に会い、必要な支援を行う方法をとる学校もあります。中には、卒業生が進学した大学で、聞こえる学生への難聴模擬体験を行う聾学校もあります。高等部の教師は聾学校の生徒への対応が中心となりますから、関係機関に卒業生をつなぐための支援を在学中から行うことが大切です。このように、高等部の教師は生徒の実態を踏まえながら「出口」「卒業後」を意識した指導を心がけましょう。

引用・参考文献

1）青木いづみ（1996）「高等部における理科の指導」、『聴覚障害』11、19–22 頁。
2）栃木県立聾学校高等部（2022）「自立活動（通常の学級におけるグループ学習）」、『栃木県高等学校教育研究会特別支援教育部会部会報』第 38 号、21–22 頁。
3）文部科学省（2018）『高等学校学習指導要領（平成 30 年告示）』東山書房。https://www.mext.go.jp/content/1384661_6_1_3.pdf（2022 年 12 月 20 日最終閲覧）
・小孫堅一（1996）「高等部の養護・訓練」、『聴覚障害』7、9–16 頁。
・中野善達、斎藤佐和（1996）『聴覚障害児の教育』福村出版、129–147 頁。
・全国聴覚障害教職員協議会（2011）『365 日のワークシート——手話、日本語、そして障害認識』。

（山本　晃）

第6章 自立活動の指導

初めて聾学校に赴任された先生や、小・中・高等学校に勤務されていた先生が「自立活動」という言葉を聞いたとき、「いったい何のことだろう」という疑問をもったのではないかと思います。また、他の特別支援学校に勤務されていた先生にとっては、それまで勤務していた学校で行われた自立活動をイメージし、「聾学校の自立活動との違いは何だろう」と関心を持たれたのではないかと思います。

先生たちからは、実際に聴覚障害のある子どもたちと関わってみると、「話していることが、よく理解できない（幼稚部）」「子どもたちは手話を使って伝えてくれるけれど、やりとりが続かない」「やりとりがちぐはぐになる（小学部）」、「学習しているときは頷きながら聞いているけれども、内容をどこまで理解できているのかわからない（中学部・高等部）」といった困惑や疑問の声が聞かれます。

このように、聴覚障害児と指導者の間には、ことばの壁、あるいは、コミュニケーションの不全感を覚えることが少なくありません。しかし、コミュニケーションの課題は、聴覚障害のある子どもの側だけにあるのではないのです。指導者の側にも子どもに伝わるよう・わかるように工夫や配慮をしているかといった課題があることを認識することが大切です。そして、こうしたコミュニケーション上の困難の改善を図ろうとするためのひとつの指導領域として自立活動があります。

本章では、学習指導要領に示されている聴覚障害教育における自立活動や指導者が意識すべき指導事項などについて述べます。

1 学習指導要領等における自立活動

(1) 特別支援学校学習指導要領における自立活動

まず、現行の小学校学習指導要領では、「各教科、道徳科、外国語活動及び特別活動の内容に関する事項は、(中略) いずれの学校においても取り扱わなければならない」という表現が使われています[1)]。一方、「特別支援学校学習指導要領解説　自立活動編」(第6章「自立活動の内容」) では、「自立活動の内容を (中略) 区分ごと又は項目ごとに別々に指導することを意図しているわけではないことに十分留意する必要がある。指導に当たっては、(中略) 幼児児童生徒の実態把握を基に、六つの区分の下に示してある項目の中から、個々の幼児児童生徒に必要とされる項目を選定し、それらを相互に関連付けて具体的な指導内容を設定することになる」とあります[2)]。なお「六つの区分」とは、「健康の保持」「心理的な安定」「人間関係の形成」「環境の把握」「身体の動き」「コミュニケーション」です。

このように、小学校学習指導要領でいう「内容」は、すべての子どもに確実に指導しなければならないものです。一方、自立活動でいう「内容」は、障害の状態や発達の程度等に応じて選定されるものです。

また、教育課程は、各学校が子どもや地域の特性等を踏まえて編成します。特別支援学校の自立活動では、「学習上又は生活上の困難を改善・克服するため」に、子どもの全生活 (学校のみならず家庭生活においても) を意識して指導することが大切です。

自立活動は、特別支援学校の教育課程において特別に設けられた指導領域で、学校によっては、時間を設定して指導したり、特に時間を設定せずに指導したりしています。小学校学習指導要領[1)]や中学校学習指導要領[3)]で示されている内容に加えて、自立活動の指導を受けることによる子どもの学習上の負担を考えつつ、授業時間をどのように設定するかについては、慎重な検討が必要になります。また、自立活動は、各教科の指導の内容との関連性を基にして、指導内容を精選し、授業時数を設定することが大事です。これまで聾学校に在籍する子どもの多くは教科指導を中心として学習していますが、時間を設定して指導するのか、特に時間を設定せずに指導するのかは、各聾学校が、子どもの聴覚障害の状態や必要性に応じて決めることになります。

(2) 聴覚障害教育における自立活動

1971（昭和46）年に養護・訓練が創設される以前（1957～66年：昭和32年～41年）は、障害別に教科等の内容が示されていました。たとえば聾学校では、国語科：聴能訓練「音の存在を知ること」「音・音声を聞き分けること」、律唱科：聴能訓練「身体動作を通して基礎リズムを表現する能力を養う」、国語科：言語指導「口の動きに意味があることを理解すること」といった具合です。1971年からの養護・訓練においては、聾学校では、「言語発達の基礎となる認知能力の育成、聴覚を利用する能力および態度の養成、読話する能力や態度の養成、正しく発音する能力および態度の養成」といった事項が挙げられました[4)]。1999（平成11）年の学習指導要領の改訂で、それまでの養護・訓練から自立活動に改名されました。その後、今日に至るまで、一部内容の修正や加筆を経ながら、目的や指導内容、配慮事項が詳細に示されてきました。自立活動は、養護・訓練の発展形ととらえることができます。そこで「養護・訓練」の時代に、聴覚障害教育の実践について述べた文献を紹介します。

> 新しく教育課程の中にもうけられた養護・訓練も特別な指導内容が付加されたというよりは、障害児教育の一つの理念の具現化されたものとして考える。ただ、次のような観点は基本的におさえておかなければならない。(1) 子供の発達段階、行動特性を明らかにし、それに即応した指導計画を立てる。(2) 発達的連関性を重視した指導計画を立てる。(3) 集団指導と個別指導それぞれの意味を明確にし、両指導形態の効果が十分発揮されるように配慮する。(4) 社会とのかかわり合いを重視した指導計画を立てる。(5) 地域、学校の実態を十分考慮した指導計画を立てる。(6) 個人の発達記録を作成する[5)]。

個々の子どもの実態把握の必要性や実態把握に基づいた指導計画の作成、個別指導など、ここに掲げられた6つのポイントはどれもが今日の自立活動でも求められています。これらの観点を念頭に置きつつ、具体的な実践を考えていきたいと思います。

(3) 聴覚障害児に対する自立活動

表6−1に、聴覚障害児に関連があると思われる自立活動の指導内容（学習指導要領の文言を一部修正）の一部を示しますので、参考にしてください。各指導内容を相互に関連づけて指導する必要性や必然性をとらえることができると思います。

聴覚障害児に対する自立活動の主な指導事項としては、言語、聴覚の活用、発音・発語、コミュニケーションのほか、障害認識などが挙げられ、それらは個々の子どもの発達段階や聴覚障害の状態に応じて内容や方法が変わります。これらの課題の改善を目指して指導することになりますが、その際、指導者として特に留意すべきことは、「聴覚障害児にとって聞こえや言葉など、苦手な分野を指導する」ということです。

指導者が、子どもの課題を明確にとらえたとして、その課題を頭ごなしに子どもに指導した結果、その課題に向かう意欲を失くすようなことがあってはならないと思います。

幼稚部での経験

ここで、たいへん恥ずかしい話なのですが、筆者が以前に幼稚部を担当していたとき（当時は養護・訓練）の事例を紹介します。

指導目標は「元気に挨拶をしよう」で、朝の会で取り上げました。Iちゃんは、ニコニコ顔で前に出てきて「おはよう」と筆者にていねいに挨拶をしました。このとき筆者には、指導目標に従って「もっと口形をはっきり、大きな声で話させなければ」という思いが強く、Iちゃんに対して、自分と同じように「おはよう」を真似て話す（「口声模倣」といいます）ことを求めました。Iちゃんは健気に口声模倣するのですが、筆者にはもっと上手に話せるはずだという思いがあり、Iちゃんに対して、意味もなく繰り返し口声模倣することを求めたのです。何回か繰り返したとき、とうとうIちゃんは涙目になってきました。筆者は「はっ」と我に返り、自分がした指導を恥じました。

後日、筆者がこの出来事を先輩に話したところ、その先輩は「ことばを育

表6－1　聴覚障害児に関連する指導内容の例

区分	指導内容
1　健康の保持	
(3) 身体各部の状態の理解と養護に関すること	・発達の段階に応じて、耳の構造や自己の障害の理解を図る。 ・自ら適切な聞こえの状態を維持できるよう耳の保護にかかわる指導を行う（補聴器管理）。
4　環境の把握	
(1) 保有する感覚の活用に関すること (3) 感覚の補助及び代行手段の活用に関すること (4) 感覚を総合的に活用した周囲の状況の把握に関すること	・補聴器等の装用により、保有する聴力を十分に活用していくための指導が必要である（場所や場面に応じて、磁気ループを用いた集団補聴システム、FM電波や赤外線を用いた集団補聴システムまたはFM補聴器等の機器の特徴に応じた活用ができるようにする）。 ・感覚の補助手段として、補聴器等の活用とともに、代行手段としての視覚の活用（手話、指文字、キュード・スピーチ）を図る。 ・身の回りの音を聞き取り、様子や言葉を理解する場合には、視覚や嗅覚などの感覚も総合的に活用する。
6　コミュニケーション	
(1) コミュニケーションの基礎的能力に関すること (2) 言語の受容と表出に関すること (3) 言語の形成と活用に関すること (4) コミュニケーション手段の選択と活用に関すること	・言葉を構成している音節や音韻の構造、あるいは文字に関する知識等を用いながら、言葉が使われている状況と一致させて、その意味を相手に適切に伝えて行く。 ・音声だけでなく身振りを状況に応じて活用し、さらに、手話・指文字や文字等を活用して、子どもが主体的に自分の意思を表出できるような機会を設ける。 ・構音障害のある場合には、発声・発語器官（口腔器官）の微細な動きやそれを調整する力を高め、正しい発音を習得させるようにする。 ・子どもの主体性を尊重しながら、周りの人々による意図的な働きかけをする。 ・話し言葉や書き言葉、指文字や手話を活用するなどして、言語の受容・表出を的確に行うとともに、併せて言葉の意味理解を深める。 ・文法等に即した表現を促すなどして、体系的な言語の習得を図り、適切に活用できるようにする。 ・子どもの障害の状態や発達の段階等を考慮して、適切なコミュニケーション手段の選択・活用に努め、円滑なコミュニケーションが行えるようにする。

出典：特別支援学校学習指導要領等を基に筆者作成。

てるからといって、何をしてもいいということではない」と言いました。聴覚障害児を指導する者として、肝に銘じるべき心得として残っています。

「ついつい熱くなって」というような言い訳は子どもには通じません。指導者として指導意図をもつことは大切ですが、相手は心をもった人間であることを、忘れてはなりません。口声模倣は、指導者が事前に扱おうと考えて（子どもの気持ちを顧みず）行うものではなく、子ども本人が話したいという気持ちの上に成立するものです。また、指導者本人が「楽しくないな」といった気持ちになっていると、「おそらく子どもも同じ気持ちになっているのだろう」と想像することが大切だと思います。

この経験から、筆者は、子どもに口声模倣を促すとき、自分から故意に間違って話したり、期待しているのとは全く別な反応をしたりして、子どもに「先生を見ていると、何か面白いことがあるかもしれない」といった期待感をもたせることが大切であることを学びました。子どもが、人にどうしても伝えたいと思うときに大きな声をあげたり、繰り返し発言したりするのは自然な姿です。指導者は、常に子どもの気持ちを頭の中心に置くこと。口声模倣もそうありたいものです。

(4) 聴覚の活用、言語指導

1）傾聴態度の育成

聾学校の自立活動では、聴覚の活用に関して「傾聴態度の形成」があります[6)]。これも、聞こえに課題がある聴覚障害児にとっては、苦手な事柄といえます。しかし、子どもは程度の差こそあれ、それぞれに興味や関心をもっています。指導者は、個々の子どもの興味や関心をとらえ、これを題材にして、指導に採り上げることが大切です。

例えば、ある小学部の子どもが、野球に興味があるとしたら、自立活動でこれを採り上げ、選手や所属チームをインターネットなどで調べたり、どうしてその選手が好きなのかを考えたり、応援グッズを作ったりすることを提案すると、子どもは意欲的に先生の話を聞く気持ちになるでしょう。指導者はそうした子どもの気持ちを見逃さないことです。子どもに聞きたいという気持ちがある限り、先生が声を小さくして内緒話をしたり、下を向いて話したりしても、そのことがさらに先生への関心を強くすると思います。子どもによっては、「せんせー、もっと大きな声で言って！」と訴えてきたり、「せんせー、何はなしてるの？」とたずねたりしてくるかもしれません。このときこそが、傾聴態度を育てるチャンスととらえることです。この場合でも、指導者は即答するのではなく、「何のことだと思う？」と、子どもの聞きたいという気持ちを持続させるような応答をすることが大切です。

2）発達段階に応じた指導内容

聴覚障害児への話し方の基本として、「ゆっくりめに、はっきりと、できるだけ早口は避けて話す」ように推奨されることがあります。しかし、小学部になると、指導者が扱う内容や情報が増えてきますので、いつまでも同じような話し方を続けるわけにはいきません。そこで、発達段階に応じた指導内容を工夫する必要があります。

一般に、聴覚障害児は一度に処理できる情報量が少なくなりがちであることから、知識（言語）が広がりにくいという課題があります。自立活動が他の教科指導と決定的に異なるのは、指導事項や教材に一層の自由度がある点です。換言すれば、子どもの興味や関心を中心にとらえるための活動としては、自立活動が一番適しているといえます。

学習指導要領に示されている区分や項目、指導内容には、指導を工夫するための視点が数多くあります。指導内容を相互に関連づけるのではなく、目の前にいる聴覚障害児の課題を踏まえながら、それらを的確に関連づけるべきです。

3）子どもの主体的な取組みを促す指導

どの指導にもいえることですが、子ども本人が課題を理解し、活動の結果に見通しをもつこと、つまり、子どもの主体的な取組みを促す指導に心がけることが重要です。聞こえやことばなどを指導する場面では、指導者には、常に子どものその時々の様子をていねいに観察し、関心や意欲を持続させ、課題に取り組ませるための工夫や配慮が求められます。子どもの課題に対する意欲がなくなってきたと判断したら、その課題をやめて全く別の課題に替えたり、以前に達成できた課題を再度提示したり、子どもからの意見を取り入れて課題をアレンジしたりするなど、臨機応変に対応する必要があります。

筆者は、子どもは指導者とのやりとりを通して、与えられた課題の意味や意図を理解し納得したときに、意欲をもって一生懸命にその課題に取り組み、その結果として達成感を覚えるのではないかと思っています。

聾学校の研究会に参加し、言語指導をテーマにした講演を聞いたときのことです。その中で、講師の先生が、「聴覚障害児とのコミュニケーションに際して、教師が心がけることは「即時即場（情）」。つまり、実際の場面で言葉を使うこと、そのとき、心を込めて話すことが重要である。事後指導では、そのときの心の通じ合いまでを指導することが難しい」と話されました。講師が話してくださった「即時即場（情）」という言葉は、聴覚障害児の言語指導の基本であると考えます。

繰り返しになりますが、子どもの中に不全感や苦手意識を残さず、達成感を味わってもらえるような指導を努めたいものです。そして、このことが、子どもの将来に向けた積極的な自己理解やセルフサポートなどに繋がるのではないかと思います。

(5) 個別の指導計画

自立活動では、以前から、個別の指導計画の作成が求められています。聴覚障害児が示す状態像は一様ではありませんので、自立活動について個別の指導計画を作成することが重要です。それに基づいて実践に反映し、評価し、改善を図るというサイクルが求められているのです。まさに子どもは日々発達の途上にあるため、日々の指導を記録することで子どもや指導者の課題を見出すことができるのではないかと考えています。

聴覚障害児に共通する課題

聴覚障害児の課題はそれぞれ異なっていますが、多くの聴覚障害児に共通する課題として次の7点を挙げることができます。①言語の習得、②補聴器や人工内耳等の活用による聞こえの維持に関する態度や習慣、③視覚等、他の感覚の活用、④社会性（他者の意図や感情の理解）、⑤コミュニケーション方法の習得、⑥本人の障害理解、⑦保護者（家族）との関係。そして、これらの課題を改善や解決するための手立てや見通しなどを、保護者との同意の下に、個別の指導計画を作成することになります。

上に挙げた課題を説明すると、例えば、②については、高学年になるにしたがい、補聴器等に関する知識や操作技能の習得が、聞こえの発達を支えるうえで重要になります。③については、社会では、コミュニケーション方法として、聴覚以外にも視覚や触覚等が利用されています。⑤については、聴覚障害のある子どもは、音刺激のある環境の中で、受け身的になり、音や音声をコミュニケーション方法として用いることに消極的になる傾向があります。そのため、情緒面や社会面の状態を把握する必要があります。⑥については、自分の障害に対する認識や受容の程度を把握するため、中学部や高等部段階で手話や発音等に対する意識調査を実施することも必要となります。⑦については、保護者の障害に対する意識が、子どもの養育に大きく影響することを踏まえ、時期をとらえ、保護者に対しても調査することが必要だと思います。

個別の指導計画の作成においては、言語面での比重が多くなることが予想されます。しかし自立活動は、個々の聴覚障害児の生活全体における発達上の課題に対応するものであるととらえ、上に挙げた既定の事項に限らず、必要と考える情報を記載することが大切です。

また、いくら綿密に練り上げた計画であっても、指導に生かすことがなければ、まさに〝絵に描いた餅〟になりかねません。このため、指導にあたっては、到達目標を明確にし、必要に応じて、繰り返して指導したり、立ち止まって「どうしてできたのか、できなかったのか」を考えることが重要です。こうして指導を振り返ることが、子どもの正確な実態把握につながることになります。

2 聴覚障害と専門性

(1) 聴覚障害と関連障害

聴覚障害における自立活動を考える際、聞き取りの困難性が、子どもの生活全般にどのような影響を及ぼすのかを考えることが大切です。

図6－1に、聴覚障害及び関連障害を示します。聴覚障害は、聴覚器官の

いずれかの場所にダメージを受けている状態です。第２章で解説した通り、聴力検査によりオージオグラム上に聞こえの状態や聴覚障害の種類が示されます。聞こえにくさのことを「一次的な障害」といいます。一次的な障害によって、話すことや読み書きといった言語活動全般に困難性を生じさせることがあります（二次的な障害）。また、二次的な障害はコミュニケーションの不具合も生じさせ、場合によっては、心理的不安定に陥る可能性もあります（三次的な障害）。

このように、聴覚障害は、言語活動や対人関係にも大きな影響を与えると考えられます。聴覚障害教育の自立活動は、二次的な障害や三次的な障害をも踏まえ、聴覚障害による様々な困難性を少しでも軽減したり、改善するために行われるものです。

(2) 求められる専門性

1）二次的・三次的障害を考え、個に応じる

一般的な教育で求められる専門性には、教科指導、生徒指導、指導計画作成、発問、板書などがあります。聴覚障害教育においても、これらは基本に

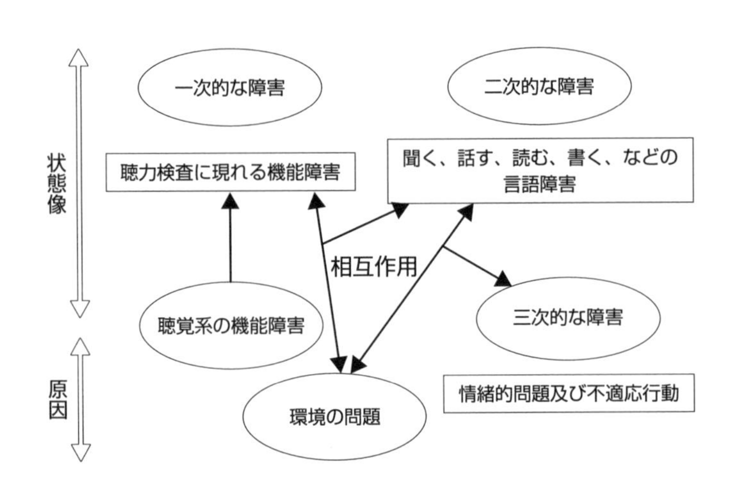

図６－１　聴覚障害とそれに関連する障害

出典：筆者作成。

なります。ただし、前述した聴覚障害から派生する二次的な障害や三次的な障害を踏まえるとこれだけでは十分ではありません。さらに指導者には、個々の子どもに応じた、聴覚の活用、発音、手話、年齢相応のものの見方・考え方、行動様式などに対する、適切な指導技術をもつことが求められます。

また、聴覚障害教育は、障害の早期発見に伴う早期教育を早くから導入し、昭和40年代（1965～75年）には全国的に幼稚部を設置し、教育相談を実施してきた点が特色です。こうした取り組みは、必然的に、医療や保健、福祉機関との連携を生み、聴覚障害教育で求められる専門性を問い直し続け実践を通してこれを追求してきました。その中でも特に聴覚や視覚の活用、文字の活用は、（乳）幼児期から学童期・青年期にわたって、個々の子どもの発達の状態に応じた指導をする過程で、手話法、聴覚口話法、自然法などの指導法を生み出し配慮事項を見出してきました。

つまり、指導において大切なことは、「二次的な障害や三次的な障害を考える」こと、そして「個に応じる」ということです。

〝木を見て森を見ず〞ということわざの通り「二次的な障害や三次的な障害を考える」ためには、聴覚障害児の耳や口を意識することだけでは十分ではありません。彼らの内面、つまり心の育ちを考えることがより重要なのです。

聴覚障害教育研究に長年従事してきた四日市章は、自立活動について次のように述べます。「社会の中の「自分」を強く意識し、自律的に生きていく力を個々の子どもの育ちの過程に応じて養っていくことが求められる。このため、社会の変化に対して、自覚的に適応していくとともに、一人の人間として充実した生活を送るために必要な知識や力を高めていくことが目標となる。」[7)]

2）実態把握

個々の子どもの障害の発見時期、程度、家庭環境などによって、聴覚障害の状態像は異なります。このことは一律の指導では、十分な指導効果が得られないことを意味します。このため、（どの指導にもいえることですが）「実態把握」が指導の出発点であり、聴力レベルやコミュニケーションの状態など、様々な情報を得ることが必要になります。これらの情報はどれも重要ですが、指導者として何よりも大事にしたいことは、様々な場面において個々の子どもの行動をよく観察し、その行動に対して「なぜ？」と想像することです。さらに、「なぜ？」と考えるとき、「子どもの中で何が起きているのか」を想像することも大事だと思います。

3）スペシャリスト＋ジェネラリスト

これまで筆者が出会った、いわゆる聴覚障害の専門家の方々に共通するのは、例えば、補聴器などの関連分野に造詣が深いスペシャリストであることだけではありません。彼らは皆、様々な一般的なことにも関心をもち、積極的に人にたずねたり、書物で調べたりするなかで、いろいろな考え方に触れる経験を積まれたジェネラリストでもありました。

今日まで聴覚障害教育は、実践や研究を通して、多くの知見を見出してきました。そうした情報を積極的に取り入れることは、指導するうえで大きな力になることは間違いありません。これはスペシャリストとしての側面です。一方で、聴覚障害児は（当然のことながら）個々に様々な状態にあります。そこで、子どもの興味や関心がどこにあるのかを把握するには、好奇心をもって観察したり、周囲の人にたずねたり、それまでの自分の経験を総動員して考えることも必要です。これはジェネラリストの側面です。このことから、筆者は、聴覚障害教育に求められる専門性とは、言語や聴覚などの知識（スペシャル）に加えて、子どもの課題に積極的に向き合う姿勢（ジェネラル）を兼ね備えることではないかと思います。

3 具体的指導・配慮すべき事項

昨今、聾学校では、少人数化や重複化が進んで、以前とはずいぶんと様相が異なってきているように思います。まだ診断がついていないけれども発達障害ではないかと思われる子どもも多く在籍するようになりました。また、これまで聾学校では、教育の対象が聴覚障害のある子どもであるため、主として耳鼻咽喉科をはじめとする医療機関や療育機関、補聴器取扱店、小・中学校の特別支援学級などと連携・協力をしてきました。障害の多様化に対応するため、今後は、他の特別支援学校や外部の専門機関（専門職）との連携を一層、進めていく必要があります（関係機関連携については、本書の第10章を参照してください）。

現在の特別支援教育制度の中では、特別支援学校にセンター的機能をはたすことが要請されています。そこで、聾学校では、地域社会に対して、聴覚障害教育の理解啓発や相談体制の充実に努めています。また、我が国では、インクルーシブ教育システムの構築の過程にあり、小・中学校等の通常の学級や保育所・幼稚園から、それぞれの機関に在籍する聴覚障害児の対応について、聾学校にアドバイスを求める声も増えてきました。その多くは、聾学校における自立活動の指導内容についてのものです。

ここでは聴覚障害児に対する自立活動の内容をいくつか紹介し、実際の指導や多機関との連携に際する情報提供の参考にしてほしいと思います。

(1) 補聴器や人工内耳の活用

補聴器や人工内耳は、聴覚障害児の聞こえを改善することを目指した機器です。年齢が上がるにつれ、装用効果がはっきりみられないと感じることがあるかもしれません。このことは、補聴器や人工内耳の使用に慣れているからであるという見方もありますが、指導者としては、不断の観察を通して、子どもの使用状態をチェックする必要があります。観察すべきポイントは、①補聴器取扱店や医療機関が機器を調整した後でも、変化がみられない、②異常に音をわずらわしがる、③聞き返すことが多い、④今まで聞き取れていた音が聞き取れない、⑤声の調子がおかしく、発話が不明瞭になる、⑥耳をかゆがったり、頻繁にイヤホンをはずしたりする、等が挙げられます。

年齢が低い子どもに対しては、保護者や指導者が毎日、チェックしますが、年齢が高くなると自己管理の一環として本人任せになる場合が多く、なかには聴力の低下に気づかない子どももいます。補聴器や人工内耳をチェックするときに大切なのは、子どもが自分の声を聞き取ることです。補聴器や人工内耳は周りの音を聞き取ることに注目しがちですが、聴覚障害児本人が補聴器や人工内耳を通して自分の声をモニタリングできていることが、機器の維持管理には不可欠です。このため、指導者や保護者は、子どもに「自分の声が自分で聞こえているか」をたずね、確認するようにしてください。

なお、補聴器や人工内耳を装用した聴覚の活用においては、音や音声に対する反応がよくなるのみならず、声量が豊かになったり、口声模倣が上手になったりするといった、発声や発語の改善も期待されます。

(2) 人工内耳と手話との併用

近年は、聾学校においても人工内耳を装用する子どもの割合が増えてきました。以前は、人工内耳と手話を併用すると聞き取りに弊害が生じるので避けたほうがよい、という考えがありました。この問題について、学会などでも様々な事例が報告されていますが、個々の子どもの間に違いはあるものの、必ずしも弊害となっていないという見方が多いようです。

聴覚障害児本人の意思が重要であり、本人以外の人の評価（長所や短所）で判断すべきではないと筆者は考えます。このことは、コミュニケーション方法の選択にも関わります。子どもは年齢が上がるにつれて、自分の聴覚障害について考えるようになります。したがって聴覚障害児が自分の障害をどの時期に、どの場面で受けとめるかは、大きな課題といえます。自立活動においては、障害認識や障害受容という側面から指導することもありますが、一律の指導でなく、まさに個別の対応が求められます。保護者の思いや考えも踏まえることも重要です。

(3) 保護者支援（家族支援）

近年、欧米では、障害のある子どもをもつ「母親の感受性（Maternal sensitivity）」についての研究が進んできています[8)]。この研究をひとことでいうと、母親の感受性は、乳児期から成人期までの子どもの発達に影響を与えるというものです。そして、一般的に、敏感な母親の子どもは、そうではない母親に比べ、健康で、社会的、認知的に発達し、成人した後でも、心理的にその影響が続くと説明しています。感受性は、「相手の気持ちを感じ共感する」一方で、「周囲や環境から影響を受けやすい」といったプラスとマイナス両方の印象を与える言葉です。したがって、この研究をどのように解釈するかによって評価が異なりますし、反論する余地があります。父親の存在も大きいでしょう。しかし、子どもの発達に保護者の影響があることは、多くの人が認めることだと思います。

障害に対する保護者の受けとめ方によって、聴覚障害児本人の障害の受容や認識に影響があることを踏まえる必要があります。今日、保護者支援ということばが様々なところで用いられていますが、きょうだいや祖父母も含めて「家族支援（Family–Centered Approach）」という用語に発展しています。今後は、家族支援を新たな課題ととらえ、これに対する考え方や取組みを指導者の専門性のひとつとして認識する必要があります。

保護者は常に我が子に対する気持ちが揺れ動いています。先に述べた個別の指導計画の作成においても、子どもの状態を的確に理解してもらうまでには時間を要するものです。保護者支援に際しては、子どもの課題について保護者と共通理解を図ることが基本です。しかし、指導者と保護者との間には、子どもに対する受けとめ方に違いがあることも配慮する必要があります。指導者は、保護者との共通理解を図りつつ、子どもの指導目標を掲げることが重要です。その指導目標が達成されれば、指導者は成果として評価します。ところがこのとき、保護者の中には、指導目標に到達したことを評価しつつも、満足してはいない場合があります。これは、指導目標の共通理解が十分にとれていないために起こります。つまり保護者が、子どもを過大評価あるいは過小評価して「うちの子はもっと上の段階に到達できるはず」や「そこまで到達したら十分嬉しい」などと心の内で感じつつも十分表明していないことから生じると考えられるのです。このため、保護者には「達成度」の他に「満足度」という要素を加えて子どもを見ているということを伝えておく必要があります。

表6–2に、保護者支援に際して、指導者が保護者に望むことを示します。これらは、指導者が一方的に保護者に求めるものではなく、保護者とよりよい関係を築くための指標としてとらえてください。

表6–2　保護者支援　～保護者に望むこと～

・子どもと共感的であること。
・明るく前向きであること。
・忍耐強いこと。
・聞こえやことばの発達に気づくこと。
・指導者と子どもの実態把握を共有すること。
・指導者に情報（悩みや疑問）を与えてくれること。
・子どもの課題を発見すること。
・子どもの課題解決の方法を考えること。
・子どもの課題解決のために行動すること。

出典：筆者作成。

(4) 今後の聴覚障害児(者)への指導・支援

聴覚障害教育における自立活動は、養護・訓練の時代から、コミュニケーションの改善を目標のひとつとしてきました。ここでは、聴覚障害児（者）の将来に向けて、指導者がどのような点に留意して自立活動の指導・支援をしていくべきかについて述べます。

先述した通り、聴覚障害児は、コミュニケーションの不安定さや、情報の受信や発信の困難性などが、大きな課題として目の前に立ちはだかっています。また、聴覚障害児（者）と指導者や聞こえる保護者との間に、コミュニケーションの有り様や価値観のズレが生じることにより、聴覚障害児（者）に対する理解が不十分になることがあります。

自立活動において指導者は、「コミュニケーションは、時として、相互に行き違いが生じることがある」ことを念頭に置いて指導することが大切です。加えて、指導者には「コミュニケーションは、相互理解を図るもの（楽しむためのもの）である」と意識することも重要です。

これらを踏まえて、今後、自立活動を担当する指導者が明確に意識して取り組むべき課題、つまり、聴覚障害児に将来どのように育ってほしいかを考えてみたいと思います。

筆者は、聴覚障害児には将来的に、「自分をコントロールすること」と「肯定的な自己形成を図ること」ができるようになってほしいと考えています。

「自分をコントロールすること」とは、①どのような状況下だと聞こえにくいのかを知ること、②聴覚障害の仕組みや病気などの基礎的知識をもつこと、③補聴器や人工内耳、UDトークなど情報機器の基礎的知識をもつこと、④聞こえにくさを改善する方法を工夫すること、⑤聞こえ（情報の獲得）に困難を感じたとき、周囲の人に支援を求めることなどを意味します。

次の「肯定的な自己形成を図ること」とは、①他者による評価を素直に受けとめ、自分の長所や短所を自覚すること、②補聴器（人工内耳）装用者や手話使用者のほか、様々な聴覚障害者の存在を知り、互いに尊重し合い、仲間意識を育み、自己理解を深めること、③聴覚障害がある仲間や先輩との出会いを通してロールモデルを見つけ、それを参考に自分の将来像を具体的に描くこと、などです。

今日、障害者や女性の社会進出を背景として、アファーマティブ・アクション（Affirmative Action）とか、ポジティブ・アクション（Positive Action）ということばが使われるようになりました。アファーマティブ・アクションとは、特定の人々をとりまく現状の課題や不利な状況に対して、歴史的経緯などを踏まえた上で積極的に改善や是正するための提案をして、関係を組み直すことです。また、ポジティブ・アクションとは、社会的・構造的な差別によって不利益を被っている人に対して、一定の範囲で特別の機会を提供し、機会均等を実現することを目的として講じる措置のことです。このような社会の運動とも関わることで、子どもたちが仲間と出会い、自分のことを受け入れるきっかけになることを願っています。

＊　＊

聴覚障害者は、生涯にわたって、様々な困難に遭遇することが予想されます。その際、聴覚障害者本人が、諦めや我慢、不満などから脱却し、前向きに努力することが望まれます。このための指導・支援のひとつとして、自立活動があると考えます。換言すれば、自立活動は、「コミュニケーション不安から聴覚障害児がおちいる可能性のある自己不信や自信喪失などに対するチャレンジ」であり、「心を育てる指導」ではないでしょうか。

最後に、本章では十分取り上げられなかった主な言語指導の用語と読話について、それぞれ表6−3と表6−4に示しましたので、参考にしてください。

表6－3　聴覚障害教育における言語指導に関する用語

口声模倣	・口の動きを見ながら、子どもに大人の話したことを、復唱（発声）させること。 ・復唱することで言葉のテンポやリズムをつかませることができる。 ・口の動きを意識することで筋感覚も記憶の手がかりになり、言語の定着に効果がある。 ・手話でも口声模倣と同じ方法で行う（手話模倣）。
拡充模倣	・子どもが話した表現に対し、指導者がさらにわかりやすく言葉をつけ足したり、訂正したりして復唱させること。
生活の言語化	・子どもの発達段階や年齢等に即して、生活場面でのコミュニケーションを通して、語彙や表現を身につけさせること。 ・日常のコミュニケーションの場で、トピックスなどを題材にする。
言語の生活化	・教科学習の中で扱うことばを事前に日常生活の中で意図的に使用したり、子どもへのことばの定着を図る。

出典：筆者作成。

表6－4　聴覚障害児が読話をしやすい状況にするための配慮

環境設定	・陽射しや部屋の明るさが強いと眩しすぎて読話しにくい。 ・話者との距離は、できるだけ近く（5m程度）し、話者の全体の動作も見えるようにする。 ・角度は、話者と子どもの視線が平行になるようにする。 ・話者の人数は、できるだけ少なくする。 ・妨害条件（視覚的な妨害、騒音による聴覚的妨害）を調整する。
場面設定	・発話する開始や終了を知らせる。 （「これから○○さんがお話しします。」「これで○○さんのお話を終わります。」など） ・口元を隠したり、下を向いて話さない。
口形	・過度に口を開かない。 ・連続する口形パターンがあると、読話しにくいため、文字（指文字）で表す。 ・集中する時間を考慮し、極力長く話さない。

出典：筆者作成。

引用・参考文献

1）文部科学省（2018）『小学校学習指導要領（平成29年告示）』東洋館出版社。https://www.mext.go.jp/content/1413522_001.pdf（2022年12月最終閲覧）

2）文部科学省（2018）『特別支援学校教育要領・学習指導要領解説　自立活動編（幼稚部・小学部・中学部）（平成30年3月）』開隆堂出版。https://www.mext.go.jp/component/a_menu/education/micro_detail/__icsFiles/afieldfile/2019/02/04/1399950_5.pdf（2022年12月最終閲覧）

3）文部科学省（2018）『中学校学習指導要領（平成29年告示）』東山書房。https://www.mext.go.jp/a_menu/shotou/new-cs/youryou/chu/__icsFiles/afieldfile/2010/12/16/121504.pdf（2022年12月最終閲覧）

4）文部省（1971）『特殊教育諸学校小学部・中学部学習指導要領』慶応通信。
5）今井秀雄・加藤康雄編（1977）『双書養護・訓練』明治図書、82–83頁。
6）中島八十一編（2010）『リハビリテーションマニュアル 26　難聴乳幼児のハビリテーション』（改訂版）国立障害者リハビリテーションセンター（WHO指定研究協力センター）、23頁。http://www.rehab.go.jp/application/files/6415/2039/6719/07_26_01_PDF1.1MB.pdf（2022年12月最終閲覧）
7）四日市章監修・聾教育実践研究会編著（2012）『はじめの一歩――聾学校の授業』聾教育研究会。
8）Hyunjeong Shin et al.（2008）Maternal sensitivity: a concept analysis. *Journal of Advanced Nursing*, 64（3）, pp. 304–14.

（原田公人）

第 7 章

教材・教具の活用

学校での教育活動において、子どもたちが興味・関心をもって、主体的な学習を行ううえで、教材・教具はなくてはならないものです。本章では、教材・教具について考え方と活用のポイントを整理した具体的な活用例を紹介します。

1 教材・教具の考え方

「教材・教具」と聞いて思いつくものは何でしょうか。小学校高学年の授業を想像してみましょう。教室前方の大きなモニタには、前方後円墳の写真が映し出されており、一人の子どもが写真を見て説明をしているようです。社会の授業でしょうか。子どもたちの机の上を見ると、社会の教科書と資料集、子どもの実態に合わせて教師が自作したプリントがあります。黒板には、授業の目標が書いてあり、プリントを拡大したものが貼られています。教師は、子どもの発表を聞いて、拡大プリントに書き込みをしています。このように授業をはじめとする教育活動では、教師が創意工夫を凝らした教材・教具が使用されています。

「教材」とは、『学校教育辞典』（第３版）では「授業において教師の授業活動と児童生徒の学習活動との間を媒介し、教授・学習活動の成立に役立つ材料のすべてを一般に教材と呼ぶ」と説明されています[1]。授業を中心とした教育活動を展開する中で、教材は、教育の内容を子どもに習得させようとする時の材料であるといえます。なかでも「教科書」は、教科等の主たる教材となります。そして、教科書を主たる教材と見たとき、資料集、ドリルやワークブック、辞典、プリント、テストなどは、教科書で扱う内容についての補助教材と捉えることができます。広い意味では、身の回りにある事物や現象すべてが教材となり得ます。同じ教材を用いたとしても、目的や活用の仕方によって習得される内容は様々なものとなります。逆に言うと、同じ内容の習得を目標とした場合においても、子どもの実態などに応じて様々な異なる教材を用いることができます。

一方、「教具」とは、前出の『学校教育辞典』では「授業展開のための補助手段。一般的にいえば、同じく授業展開の手段であっても、教材は、学習内容を具現しているのに対し、教具は、学習の展開を補助し有効にする物質的手段であり、「内容」に直接かかわらない」と説明されています[1)]。具体的には、黒板、OHP、テレビ、理科の実験器具、模型、体育の用具等です。学校教育の情報化の推進に伴い、学校には従来からある機器に加えて、コンピュータ、タブレット端末、大型デジタルテレビ、プロジェクタ、実物投影機、電子黒板等のICT（Information and Communication Technology　情報通信技術）機器が設置されるようになってきています。

このように、「教材」は教育活動の目的を達成するために活用する学習内容にかかわる材料であり、「教具」はその学習を補助する道具であるといえます。例えば、デジタル教科書の内容（文章、挿絵、動画等）は教材であり、それを映し出すモニタやタブレット端末等は教具です。

授業などの教育活動を準備する際、学習内容や子どもの実態などに応じて、教育目標を達成するために、どのような教材・教具を、どのように活用すればよいか、教師は日々たくさんの教材研究を重ねています。教材に対する基本的な考え方として、教材を通して、子どもにどのような力をつけたいのかという目標を明確にする必要があります。

子どもの発達段階や実態などを考慮せずに、既存の教材を機械的に順番に扱うような方法では、子どもにとって適切な学習経験にはなりません。現在の子どもの実態などを踏まえ、子どもが「おもしろそう！」「なんだろう？」と学習内容に興味・関心をもち、「学習意欲を引き出せる教材」、子どもがどうしてだろうと疑問や問題を発見し、「考える契機となる教材」は、どんなものだろうか、どのように提示すればよいだろうかと考えていくことが大切です。

さらに、用意した教材を活かすためには、子どもにわかる具体的な「発問」を併せて考えることが大切です。時には、授業の最中に、児童生徒の反応や発言から、準備の段階で気づかなかった教材の活用方法について、その場で瞬時に判断したり、更新したりする必要も生じるでしょう。教材を通して、子どもにどのような力をつけたいのか、何を考えさせたいのかを教師が明確にしておくことが重要です。

2 聴覚障害教育における教材・教具

(1) 特別支援学校(聴覚障害)の教室

ここからは、聴覚障害教育における教材・教具について考えていきます。特別支援学校（聴覚障害）では、どのような教材・教具が活用されているでしょうか。

小学部3年生の教室（国語の授業）を覗いてみましょう（図7-1)。

- 机が馬蹄形に並べられています。
- 黒板には、本時の「めあて」が記載され、教科書の一部を拡大したものが掲示されています。
- 教室の周りに目を向けると、たくさんの掲示物があることがわかります。

この写真から、ほかにはどのようなことがわかるでしょうか。

図7-1 特別支援学校（聴覚障害）小学部の教室
撮影：庄司美千代

(2) 視覚教材の効果的な活用

図7-1にあるように特別支援学校（聴覚障害）の教室には視覚教材が数多く活用されています。「特別支援学校小学部・中学部学習指導要領（平成29年告示）」では、聴覚障害児の

指導にあたり、視覚的に情報を獲得しやすい教材・教具やコンピュータなどの情報機器を有効に活用する工夫を求めています[2)]。そこで、以下では、聴覚障害児に対する視覚教材の効果的な活用のポイントを述べます。

1）視線を前方に向け・共に考えるための提示

聴覚障害児は、教科書を読んでいるときや問題を解いているとき、視線を下に向けたままでは、教師や他児の話を十分に聞くことができません。話を聞くときは、相手の顔を見て、口形や手話などの視覚的な情報が必要となります。そのため、子どもの注意を引き、子どもと視線を合わせてから話し始める必要があります。

特別支援学校（聴覚障害）では、子どもの視線を前方に向けるための工夫がなされています。教科書の拡大コピーの提示も工夫のひとつです。教師が指示した箇所に注目し、全員で同じ文章を見て、音読や読み取りをすることがきます。教師は本文の重要な部分に線を引いたり、書き込んだりすることもできます。

また、子どもに考えさせたい質問内容、絵や写真等の資料を前方に提示することで、子どもはみな同じものを見て、発言したり、友達の意見を聞いたり、互いの考えを話し合う時間を十分に確保するための工夫にもなっています。子どもに教えたい内容を視覚教材にして伝えることに加えて、視覚教材を手がかりに、子どもが自ら考えるような発問を投げかけることが必要になります。

このほか、書画カメラ（実物投影機、OHP）を使用することで、手元の実物を拡大表示することもできます。その場で、紙資料を拡大して提示し、教師が書き込んだ内容を見せることができます。この方法では、あらかじめ拡大印刷の用意をしていなかった場合でも、臨機応変に教材を拡大して提示し、子どもたちと共有することができます。また、紙資料に限らず小さい実物を拡大して見せることや、教師の手元を大きく写し、作業の様子を見せることもできます。今ここにある実物を表示しているという臨場感により、子どもたちの興味・関心を喚起することができます。

子どもたちの注意を、同じ教材に向けさせるための提示の仕方として、表7−1のような例が考えられます。いずれの方法でも、授業中に資料に書き込みをすることが可能です。

表7－1　事前に準備した教科書や資料の提示方法の例

- ・教科書や資料を拡大コピーして黒板に掲示。
- ・デジタル教科書をモニタに提示。
- ・PCで用意した教材をモニタに提示。
- ・PCで用意した教材をプロジェクタでスクリーンやホワイトボードに投影。
- ・書画カメラやOHPで資料を拡大提示。

出典：筆者作成。

2）指示伝達を共有するための提示

図工・美術での制作、理科の実験、調べ学習など、個人の作業や学習を行う授業では、個々のペースで活動が進みます。聴覚障害児は、作業しながら教師の指示を聞くことは難しいものです。かといってバラバラの進捗状況の子どもたちの手を止めて、一斉に視線を教師のほうに向かせて指示伝達することを繰り返すと、思考が中断され、活動の妨げになる場合があります。活動の前に指導の流れをわかりやすく説明するとともに、活動内容や注意事項を視覚的に整理して提示するなど、活動中に子どもたちが自分のタイミングで指示を確認できるような工夫が必要になります。

例えば、中学部・高等部の理科の実験での場面を考えてみましょう。実験で薬品や火を取り扱う際、危険につながることがあります。聴覚障害のある子どもは、実験器具を扱いながら注意を聞くことが難しいため、実験前に確認した活動内容や注意事項を、実験中に個々のタイミングで繰り返し確認できる工夫が必要です。

図7－2に、アルコールランプを使用する理科の実験時の教材の提示例を示しました[3)]。

- ●左側のスクリーンには、生徒の手元にあるものと同様のワークシートが拡大提示されています。実験の方法や手順が示され、現在、何をすべきか明確になっています。
- ●右側の液晶モニタには、アルコールランプを使用する際の注意事項が提示されています。
- ●中央の黒板は、実験中の生徒の気づきや発言を教師が書き込むためのフリースペースになっています。個人の活動に集中しているときに、周囲の発言を聞くことは難しいため、生徒の活動中の発言をメモしておき、実験終了後に振り返る際に使用します。

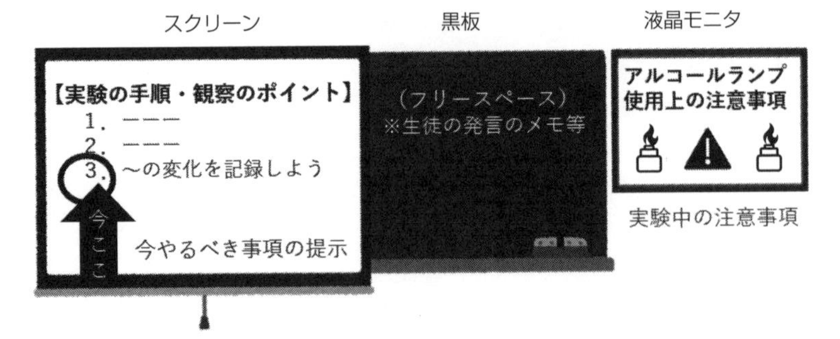

図７－２　理科の実験時の教材提示例

出典：長嶋（2012）を参考に筆者が作成。

3）掲示物の工夫

教室の掲示物にも教材の工夫が詰まっています。教室の掲示物を見ると、この教室で日々どんな活動が行われているのかをイメージできます。例えば、小学部の教室では、既習事項が確認できる単元内容のまとめシート、新しく指導した語句のカード、次に扱う単元の導入となる資料、行事のお知らせ、季節の事柄や新聞記事、子どもたちの作成物等が挙げられます。掲示物も教材のひとつであり、どのような意図で、どこにどのように掲示するのがよいかを検討する必要があります。

一方、着席したときに視界にカラフルな掲示物がたくさんあると、授業に集中できない場合があります。このため、視覚から多くの情報を得る聴覚障害児にとって、どこに着目したらよいのかをわかりやすく示し、今、大切な情報を逃さないようにするための配慮が必要です。

教室前面の黒板の周囲は、その授業での余分な情報は取り除き、「今大切な情報」がわかりやすく伝わるようにします。既習事項に関する掲示は、教科ごとに掲示するコーナーを決めて、授業に関係のない掲示物は隠すといった工夫が考えられます。

また、黒板にも様々な形跡が残っています。ある幼稚部の年長児クラスでは、話し合い活動の終了後、黒板上側の一画だけ、ことばや絵が消されずに残っていました。担当の教師に理由をたずねると、「初めて使ったことばや、子どもたちが知らなかったことばの中で、これから使ってほしいことばは、黒板の上のほうに板書をして、消さずに残しています。子どもたちは、新しいことばを使おうとしたとき、なかなかそのことばを表現できないことがあります。そんなときには、黒板のほうに子どもの視線を誘導して、言葉を確認するように促してきました。今では、子どもたちは、自分で探して確認する習慣がついてきています」と話してくださいました。

(3) 興味・関心を喚起する教材

周囲で起きていることを意図せず偶発的に見たり、聞いたりするなかで、子どもは様々な物事に興味・関心をもち、自ら学習をしています。聴覚障害により周囲から自然と耳に入ってくる音情報が限られることは、好奇心が喚起される機会が減ることを意味し、聴覚障害児は周囲の情報に対して受け身的な態度である場合があります。そのため、子どもが興味・関心をもって、主体的に学習活動が進められるように、様々な教材をどのように工夫して活用するかが重要となります。

例えば、年齢相応の語彙の獲得が不十分な子どもに対して、教師が提示した絵カードの名称を覚えさせるという方法はどうでしょうか。既に見聞きして知っていることばを確認するには有効かもしれません。絵カードを用いて新しいことばを指導し、暗記させることで、生活や教科学習の中で使えることばになるのでしょうか。なかなかそうはいかないこともあります。そこで、幼児期のことばの学習をヒントに考えてみたいと思います。

幼児期におけることばの学習には、複雑なメカニズムが働いています。1歳の幼児に馴染みのない物品の名前を教えるとき、「大人が提示する物に子どもの注意を向けさせて、その名前を聞かせる」方法と、「子どもが興味を向けている物に対して、その物の名前を聞かせる」方法では、後者の子どもの注意の方向に沿ったことばがけのほうが、効果が高いことがわかっています[4)]。

子どもの注意に大人が沿うことが重要です。絵カードを提示して「これは、ボール」と教え込むよりも、子どもがおもちゃ箱から見つけ出して、大人に差し出した物に対して、「あ！　いいもの見つけたね。ボールだね」と声がけをすることが効果的です。そして、「ボール、コロコロ。ころがすよ」とことばがけをして、一緒にそのボールで遊ぶ体験も大切です。

大人の意図による一方的なことばがけや強いられた発話の経験ではなく、子どもの情動や注意を含めた相互交渉的な関わりのほうが効果的に語彙習得できると考えられます。子どもたちは、興味をもった事柄について楽しい「やりとり」を通して、ことばを学習します。つまり、子どもの興味・関心が向き、「なんだろう？」という気持ちが動く瞬間が大切なのです。このことは、ことばの習得に限らず、様々な学習において共通しています。まずは、子どもの実態をよく把握することで、その子の心を動かす教材を考案することが大切です。

以下は、子どもの興味・関心を喚起し、考えさせるための教材作成について、特別支援学校（聴覚障害）の教師にインタビューをしたものです。

特別支援学校（聴覚障害）の先生へのインタビュー

●質問1：どんなことを意識して教材を作成していましたか。

「この教材を通して子どもたちのモチベーションをどう高めるか」、この授業や活動が子どもたちの「その後の将来にどう結びつなげられるか」ということを強く意識していました。そのため、ひとつの教材を作り込むというよりは、「授業全体の作りをどうするか」を考えることに重点を置いていました。

●質問2：印象に残っている教材に関するエピソードを教えてください。

高等部の情報と、中学部の自立活動を担当していた経験から、ひとつずつお話します。

エピソード①

ひとつ目は、「情報」の授業で、プレゼンテーションソフトを用いてスライドを作成する単元での教材に関わるエピソードです。まず、何をスライドにして作成させるか、そのための題材を検討しました。生徒が、幼稚部のときに親しんでいた「スリーヒントゲーム」を題材にすることにしました。

次に、この題材や活動内容に対する生徒の興味・関心をどのように高めるかを考えました。授業の導入として、生徒に最も身近な高等部教員のお題を例として出題することにしました。「この先生は誰でしょう？」、「ヒント1　担当教科は○○です」「ヒント2　趣味は○○です」「ヒント3　口癖は○○です」というゲームで、生徒は真剣に考え、楽しんでいました。生徒に「面白そう」「自分でスライドを作ってみたい」と思ってもらえるきっかけにしました。

さらに、生徒にスライドを作成させた後、高等部生徒同士でゲームをするだけで終わらせずに、「次は、幼稚部の年長児さん向けにゲームを作ってみよう」と活動を発展させました。生徒は、どうすれば幼稚部の子どもたちが楽しめるかを考え、題目を選定し、ヒントとなる文章で使うことばや、提示する写真等を検討して、スライドの作成に工夫を凝らしていました。実際に幼稚部の子どもたちに自分が作成したスライドを見せ、ゲームを出題することで、やる気が高まっていったようです。スライドを作成する技術としては、文字の色や大きさの調整、写真の挿入方法等を身につけることが目標ではありますが、「読み手にわかりやすく伝える」ということが最も大切なポイントとなります。

生徒は、幼稚部の子どもたちが楽しめるように、わかりやすいようにと考える過程で、読み手の視点に立って作成することを大切にする意識が芽生えたのではないかと思います。授業後には、幼稚部の先生から「今度は動物のお題でお願い！」と発注がくるようになりました。生徒数が少ないため、学校全体で他学部を交えて活動することも多く、幼児・生徒そして教員にとっても、それぞれの良い刺激となっていたように思います。

エピソード②

次のエピソードは、想定していた方法で用意した教材が使用できなかった事例です。聴覚障害のある生徒は、自分の気持ちをことばで表現することが苦手な場合があります。

そこで、中学部の自立活動では、「自分のことを語ろう」という時間を設けていました。その中で、喜怒哀楽で自分の感情が動いた経験を書くワークシートを作成しました。例えば、「最近、楽しかったできごと」等について書き、生徒同士で書いたものを見せ合うことを想定していました。しかし、生徒の一人が「面倒くさい」と言って、なかなか書き進められませんでした。そこで、何が面倒くさいのかをたずねていくと、「書くこと」が大変だと感じていることがわかりました。どうしたらよいかを生徒と一緒に話してみたところ、ここでは「自分のことを語ろう」ということを目標にしていたので、まずは音声や手話で話すだけでもいいことにしました。話すことで考えがまとまってから、書くことを試してみるようにしました。

（インタビュー協力：国立特別支援教育総合研究所　総括研究員　井上秀和）

●インタビューを振り返って（筆者）

ひとつ目のエピソードでは、「プレゼンテーションソフトでスライドを作成する」ために、単に操作技術を身につけるのではなく、「読み手にわかりやすく伝える」ことを生徒に身につけさせたい力としてとらえ、学校全体を巻き込んだダイナミックな活動を展開されていました。

２つ目のエピソードでは、生徒の実態に合わせて、授業中に臨機応変に教材の使用方法を修正されていました。

また、ひとつの教材に対してＡさんから思いもよらない発言があって、この授業の後にＢさんにこんな変化があって……と話が広がり、ひとつひとつの教材にたくさんの生徒とのエピソードが詰まっていました。お話を聞いているだけで、一緒に授業をしているかのような、生徒と対話をしているような感覚になりました。先生のお話をうかがって、教材というのは、あくまでも「素材」であり、どう活用するか、生徒とどう対話するかが大切であることに改めて感じたインタビューとなりました。

---

3 教材・教具の活用例

(1) 幼稚部における教材・教具の活用例

特別支援学校（聴覚障害）の幼稚部には、「教科書」はありません。幼児期の発達段階を踏まえて教材が活用されており、その多くが各学校の教師により自作されています。

幼稚部では、やりとりを基盤とする言語指導が行われています。日常生活、遊びや行事など、子どもが様々な経験をする中で、子どもの興味・関心に沿って、ひとつひとつのことばを確認しながらことばの定着を図っていきます。その際には、実物に触れることに加え、教師が作成・準備した絵カード、写真カード、季節のトピック教材や、既存の絵本、「ことばえじてん」等が用いられています[5)]。

1) 絵カードの活用と文字の導入

幼稚部で使用される絵カードの活用方法について、年少児期と年長児期を比べてみましょう（図７−３)。どちらも１日の活動の予定を示す際に使用されています。使用方法には、どんな違いがあるでしょうか。

年少児クラスでは、活動内容を示す絵カードと、活動場所を示す写真カードが提示され、それぞれのカードに単語が書かれています。年少児期は、実

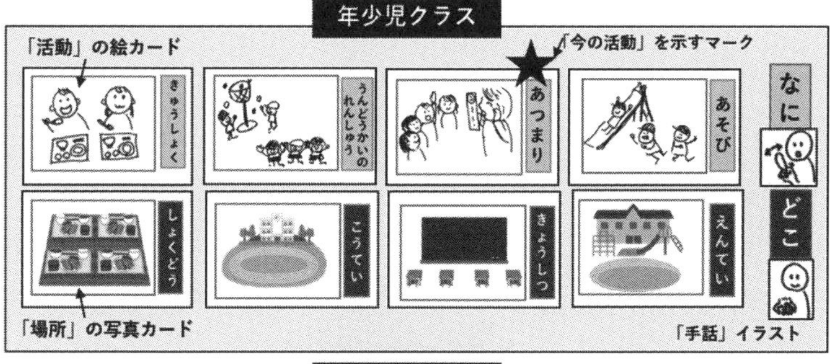

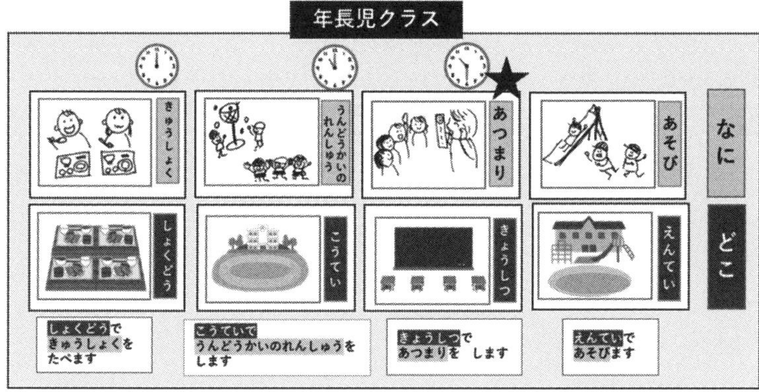

図７−３　幼稚部での絵カードなどの使用例（年少児クラス・年長児クラス）

出典：筆者作成。

物に触れ、絵、写真、映像等の視覚的なイメージを活用して、対象とことばの結びつきを強化することが大切になります。

また、絵本や友達の名前から、文字への興味が高まる時期です。絵カードに併記された平仮名がことばを表しているという文字の機能に気がついていきます。年少児期後半から年中児期にかけて、指文字や平仮名を読めるようになっていきます。平仮名や指文字と文字音の対応関係の学習が進むことで、音韻意識の発達にもつながっていきます[6)]。音韻意識とは、話しことばの意味的な側面ではなく、音韻的側面に着目し、ことばの音韻的な単位に気づいて、識別し、操作する能力を指します[7)]。幼児期からの音韻意識の発達を促す関わりは、語彙や文法、読み能力等の言語発達を促すことにつながると考えられています。

年長児期では、年少児期と同じ絵カードや写真カードを手がかりにしながら、文章で内容を理解できるように成長していきます。

2）カレンダーの活用

幼稚部で使用されるカレンダーの例を示します（図7－4）。月表示と日めくりの2種類のカレンダーが使用されています。月表示のカレンダーでは、今日が1カ月の中でもどのあたりかがわかるようになっています。さらに「今日」を基準に、「昨日」と「明日」を示すマグネット、「先週、今週、来週」を示す帯テープが貼ってあります。行事の予定等が記入されることで、子どもが運動会まであと○日と見通しをもつことができます。目には見えない時間の流れを、視覚的に感じ取れるような工夫がなされています。

日めくりカレンダーでは、「昨日が何日」と「今日は何日」が示されています。また、「昨日」の日付の下には、「昨日の活動の記録」が写真と文章でまとめられています。帰りの会で話し合ったことがまとめられており、翌日に「昨日はこんなことをしたんだよね」と話題にできるようになっています。このように経験を共にした教師や友達と過去を語ることによって、「今、ここ」を離れた目の前にない事象（過去に経験したこと、未来のこと等）について語る力が育まれていきます[8)]。

帰宅した際、子どもが「今日、こんなことがあったよ」と経験を共にして

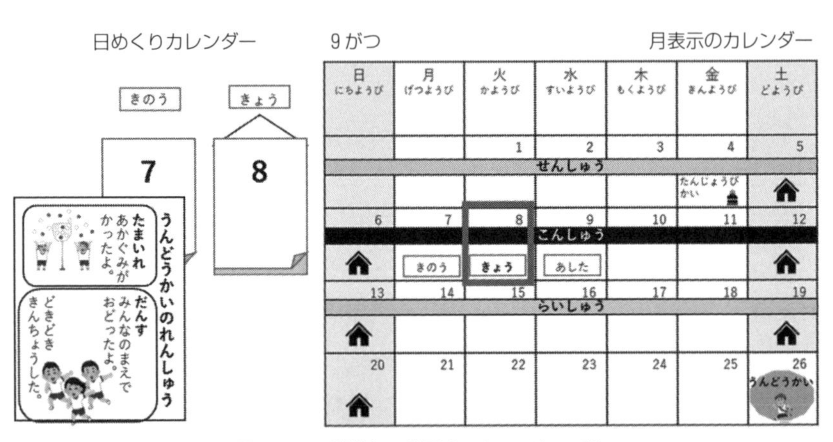

図7－4　幼稚部で使用するカレンダーの例

出典：筆者作成。

いない保護者に伝わるように、あらかじめ学校で時系列で「楽しかった」「悔しかった」等と友達と気持ちを交えながら話す時間を設けるとよいでしょう。子どもは日々起こる新たな生活を自分なりに意味づけています[9]。一日の出来事すべてを羅列するのではなく、子どもの中で特に印象に残っていることを絵日記にするのもよいでしょう。

(2) 小学部国語における教材・教具の活用例

1) 文部科学省著作教科書「特別支援学校聴覚障害者用」の活用

聴覚障害の特性を踏まえ、国語の学習をする際には、よりきめ細かな配慮が必要なことから、特別支援学校（聴覚障害）の小学部・中学部を対象として、文部科学省が教科書を作成しており、通常の検定教科書と併せて用いられています。

「特別支援学校小学部聴覚障害者用国語（言語指導）」は、1～6年生の各学年用が発行されています。この教科書では、発達段階に応じた「ことばの勉強」や「発音・発語の学習」等、聴覚障害児の障害特性を考慮した学習内容が盛り込まれています。

教科書では、絵や図が多く活用され、児童生徒の興味・関心を引き出しながら学習への意欲を高める工夫がなされています。各単元名の隣に「めあて」や学習する内容を示す「問いかけ」がわかりやすく示されており、児童生徒が目的意識や見通しをもって学習できるようになっています。

例として、小学部1年生と3年生の教科書の「ことばの学習」のページを示しています（図7-5)。1年生は、「きのう・きょう・あした」という単元において、めあて（思い出してはなそう）と問いかけ（天気やできごとをはなしてみましょう）が記載されています。3年生では、「夏」という単元において、2つのめあて（①自分が見たり、したりしたことと　くらべながら　読もう。②心に残ったことを日記に書こう）が示されています。発達段階に応じて、身近な自然や生活を題材に取り上げることで、体験的活動に結びつく構成になっています。教師の創意工夫により、幅広い学習の展開ができるように配慮されています。

上記の国語教科書には、「教師用教科書解説（令和4年3月発行）」も作成

1年（p. 108）[10]
おもい出してはなそう

3年（p. 42）[11]
自分が見たり、したこととくらべながら読もう。心に残ったことを日記に書こう。

図７－５ 特別支援学校小学部聴覚障害者用 国語（言語指導）

されています[12]。国語科において育成を目指す資質・能力を児童生徒が身につけるために、教科書に掲載した題材ごとに、題材の目標や趣旨、学習指導計画案、指導上の留意点等が述べられています。解説の内容は、一般的な取り扱い方法であり、実際に教科書を使用する際には、個々の児童生徒の実態、学習状況や経験等を考慮しながら、全体的な指導計画に基づき、具体的な指導目標や指導内容の設定に創意工夫することが期待されています。また、国語の授業時だけでなく、自立活動を中心に教育活動全体に通じる言語指導の充実も求められています。

2）発達段階に応じた辞典・辞書の活用

国語科の授業では、聴覚障害児の特性や発達段階等に応じて、様々な視覚的な補助教材が使用されています。小学部では、絵、写真、動画、図鑑、ことばえじてん等、絵や写真が多く活用されており、さらに小学部中学年以降では、国語辞典、漢和辞典、手話辞典、新聞、インターネット上のWeb情報等、文字情報の活用頻度が増えていきます[5]。

聴覚障害児は、聴児と同様に、まず事物との関連の中で語彙獲得が進み、徐々にことばとことばとの関連の中で語彙獲得が発達していきます[13]。幼児期から児童期初期にかけては、実物に触れたり、絵、写真、映像等の視覚的

表7－2 発達段階に応じた辞典・辞書の活用

小学部低学年：「絵」「写真」「図鑑」「ことばえじてん」
・絵や写真を手がかりにことばを学習。
・調べたことばをカテゴリごとにまとめオリジナルの辞書を作成する活動への発展。
（例：食べ物［野菜、果物］、秋の生きもの、気持ちを表すことば）

小学部中学年以降：「国語辞典」「漢和辞典」「手話辞典」「Web 情報」
・ことばでことばを学習する段階へ。
・調べたことばに「付箋」を貼ることで、調べたことばが増えたことの確認ができ達成感がわく。

出典：国立特別支援教育総合研究所（2020）を元に筆者作成。

なイメージを活用したりして、事物と名称の結びつきを強化します。そして、小学校中学年頃からは、具体的な対象が目の前になくとも「ことば」を通して、新しいことばを理解していくことが必要となる機会が増えていきます。辞書を引いて学習することは、単に語彙を増やすためだけでなく、わからないことを自ら調べて学ぶ意識と習慣を身につけさせるためでもあります（表7－2）。

3）教科書本文の内容理解を促す視覚教材活用例

聴覚障害児の場合には、教科書に出てくることば、辞書に書いてある意味を読み取ることが難しい場合もあるため、留意が必要です。手話を主なコミュニケーション手段とする児童に対しては、教科書本文の意味を手話表現で理解させた後、教科書本文の理解や定着を図る指導を行います。他にも、既存の教材の加工、教科書の挿絵以外の絵や写真、映像を使用することがあります。

ここでは、小学２年生の「スイミー」という物語の単元を例に挙げます[14]。この物語の舞台は海の中であり、子どもたちの生活で経験する海（海水浴）や魚（食材）のイメージと直接結びつかないことで、読み取りが難しい場合があります。例えば、「マグロがミサイルみたいにつっこんできた」という比喩文の理解の指導例を考えてみます。単元に入る前の児童は、マグロは寿司の切り身としての知識しかなく、マグロの実際の大きさ、泳ぐスピード、食べる餌等の背景情報をイメージすることができませんでした。この背景情報のイメージがなければ、マグロが「ミサイルのような」速さで突っ込んできたときの、小さい魚たちの「逃れられない恐ろしさ」を想像することは難しくなります。そこで、単元を扱う前に、魚の生態に関するイメージを持たせるために、「海底」「マグロの泳ぎ方」「群れで泳ぐ小魚」等の動画を視聴し、さらに「ミサイル発射」の動画を見て、マグロの泳ぎ方と似ているところを話し合う時間を設けました。

(3) 自立活動(発音指導)の教材・教具の活用例

聴覚障害があると、周囲で話される音声を聞き、自分が話す音声をそれに近づけることが難しくなります。発音指導には、発音の明瞭度を向上させるだけではなく、子どもが自ら発音することによって日本語の音韻体系を体感的・体験的に身につけさせる役割があります。発音指導では、どのような教材・教具が使用されているでしょうか。専用の機材だけでなく、子どもの発達段階に応じて、遊びながら楽しんで取り組むことができるように身近なものが活用されてきています。

まず、「発音」の指導に入る前提として、呼気量（息づかい)、あご、舌の巧緻(こうち)性（舌の動かし方）の発達等が必要となります。例えば「息づかい」では、細く長く息を出す練習のために、風車、紙風船、巻き笛、シャボン玉、ラッパ等、身近なものが活用できます。様々な息づかいの練習では、ろうそくを使用することで、火の近くで、「ふー」と息を吐いたときと、「パ」と発音したときで火の揺れ方が異なり、違いを視覚的に確認することができます。

また、自分が発声した音の違い感じさせる自作教材として「音筒(おとつつ)」があります（図7-6)（参考:「特別支援教育　教材・指導法データベース」。本章末のWeb欄参照)。厚紙を巻いた筒の片側をセロファンで閉じるだけで簡単に作成できる教材です。発音の仕方にあわせて3種類の色の違う音筒を用意します。「赤い音筒」は、声を出したときに使います。音筒を口にあてたときに、セロファンが振動することを触って確認します。「青い音筒」は、声を出さずに息を出すときに示します。音筒を口にあて、セロファンが震えないことを触って確認します。「黄色い音筒」は、鼻から音を出すときに示します。音筒を鼻にあてて、鼻が響くように音を出し、セロファンが振動するように誘導します。

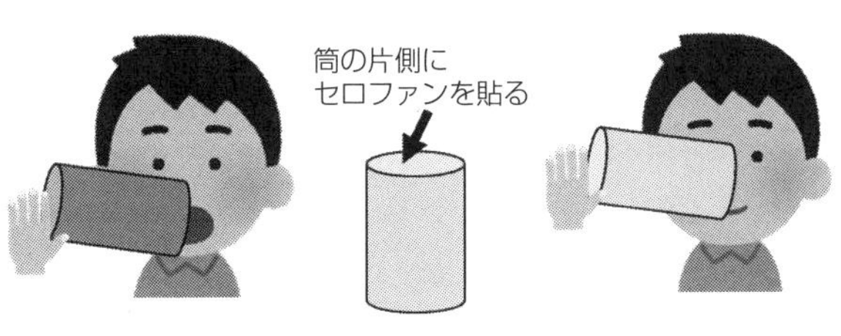

【口に音筒をあてる】
・赤色の音筒：声を出す
⇒セロファンが振動する
・青色の音筒：息を出す
⇒セロファンが振動しない

3種類の
色分け

【鼻に音筒をあてる】
・黄色の音筒：鼻が響くように
声を出し、セロファンが振動
することを確かめる

図７-６　発音指導で使用する「音筒」

出典：特別支援教育　教材・指導法データベースを参考に筆者作成。

小学部以降では、子ども自身が口や舌、咽喉等の構音動作を、鏡を見て確認したり、撮影した動画を見て振り返ったりすることも有効です。中学部や高等部の生徒では、特定の子音（サ行音等）の周波数を視覚的に示すアプリ等を利用し、自己の発音を視覚的に確認することが考えられます。

資料：教材のアイデアを得るための情報

●書籍

・文部科学省（2020）『聴覚障害教育の手引――言語に関する指導の充実を目指して』ジアース教育新社。（「第３章　聴覚障害児への指導等の実践例」において、子どもの発達段階やごとに具体的な指導の例や指導力を向上させる取組みが紹介されています）。

・全国聴覚障害教職員協議会（2011）『365日のワークシート――手話、日本語、そして障害認識』（①手話と日本語に親しもう、②生活の中ででてくる言葉を知ろう、③障害についての理解を深めよう（障害認識）のワークシートがあり、それぞれのシートに対象年齢（小学部・中学部・高等部）や指導上の配慮事項が記載されています）。

●WEB（いずれも2022年12月最終閲覧）

・国立特別支援教育総合研究所「特別支援教育教材ポータルサイト」http://kyozai.nise.go.jp/

・国立特別支援教育総合研究所「インクルDB（インクルーシブ教育システム構築支援データベース）」http://inclusive.nise.go.jp

・筑波大学特別支援教育連携推進グループ「特別支援教育　教材・指導法データベース」https://www.gakko.otsuka.tsukuba.ac.jp/snerc/kdb/
・難聴児支援教材研究会　http://nanchosien.com/
・文部科学省特設ウェブサイト「StuDX Style」https://www.mext.go.jp/studxstyle/
・学校教材活用指導法研究会　https://gakko-kyozai.jp/

引用・参考文献

1）今野喜清・新井郁男・児島邦宏編（2014）『学校教育辞典　第3版』教育出版。
2）文部科学省（2018）『特別支援学校幼稚部教育要領　小学部・中学部学習指導要領（平成29年4月告示）』海文堂出版。https://www.mext.go.jp/component/a_menu/education/micro_detail/__icsFiles/afieldfile/2019/03/15/1399950_2.pdf
3）長嶋素子（2012）「高等部理科の教科指導――視覚的教材・教具を用いた授業」、『聴覚障害』734、23–28頁。
4）Tomasello, M. and Farrar, M. J.（1986）Joint attention and early language. *Child Development*, 57,1454–1463.
5）国立特別支援教育総合研究所（2020）「特教研B–332　聴覚障害教育における教科指導等の充実に資する教材活用に関する調査（平成29年度）」。
6）井口亜希子・田原敬・原島恒夫（2021）「聴覚障害幼児における指文字の読み習得と音韻意識の発達――指文字と平仮名との比較」、『発達心理学研究』32(3)、148–159頁。
7）原恵子（2003）「子どもの音韻障害と音韻意識」、『コミュニケーション障害学』20、98–102頁。
8）長崎勤（2007）「「ナラティブ＝語り」の発達と支援――ことばによる経験の共有」、『家庭教育研究所紀要』29、38–46頁。
9）岡本夏木（2005）『幼児期――子どもは世界をどうつかむか』岩波新書。
10）文部科学省（2019）『こくご　ことばのべんきょう　一ねん』教育出版。
11）文部科学省（2019）『こくご　ことばのべんきょう　三ねん』教育出版。
12）文部科学省（2022）『こくご　ことばのべんきょう　一ねん・二ねん　教科書解説』教育出版。
文部科学省（2022）『こくご　ことばのべんきょう　三ねん・国語　ことばのれんしゅう　四年　教科書解説』教育出版。
文部科学省（2022）『国語　ことばの練習　五年　国語　ことばの練習　六年　教科書解説』教育出版。
13）岡田明・都築繁幸（1978）「ろう幼児の語彙の研究」、『心身障害学研究』2、57–66頁。
14）国立特別支援教育総合研究所（2014）「特教研B–286　聴覚障害教育における教科指導等の充実に資する教材活用に関する調査――専門性の継承、共有を目指して（平成25年度）」。

（井口亜希子）

第8章 様々なコミュニケーション方法の活用

1 コミュニケーションの基本的な考え方

(1) 乳幼児期から「わかる経験」を保障すること

「コミュニケーション」という言葉について、どのようなイメージをもっているでしょうか。イギリスの臨床言語士のベリンダ・バックレイ（Belinda Buckley）は、コミュニケーションを「自分の意図を他者に正しく伝えられること」と定義しています[1]。特に障害のある子どもと日常的に接している方は、コミュニケーションというと子どもがもっている能力ととらえているかもしれません。「この子はコミュニケーションの力が弱い」や「この子のコミュニケーションの力をもっとつけなければ」という先生方のつぶやきをよく耳にします。しかし、コミュニケーションとは本当に個人に帰属する能力なのでしょうか。

図8–1に子どもと大人のコミュニケーションの考え方を示しました。右側が子ども、左側が大人を表しています。そして、この図の上部では子どもから矢印が出ていますが、その先端が大人まで届いていません。これを、日本語や手話のような言語をまだ十分習得していないため、自分の言いたいことを明確に大人に伝えられてない姿ととらえると、子どもに言語訓練や言語指導を行うことによって、この矢印を少しでも伸ばさなければならないと考えたくなります。そして、この矢印の先端が大人まで到達することによって、コミュニケーションの力が育ったと考えるのです。

以前のろう教育や障害児教育では、このように言語を指導、訓練し、子ど

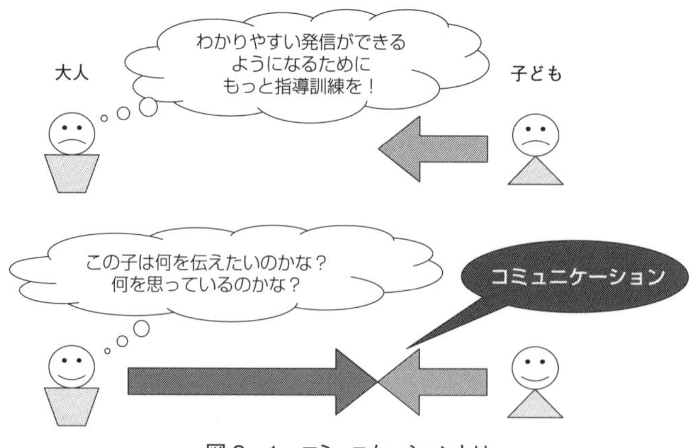

図８－１　コミュニケーションとは

もが言語を習得することによって、はじめてコミュニケーションが成立すると考えられていました。

しかし、コミュニケーションは個人に帰属する能力ではなく、インターパーソナルな（個人と個人の間にある）ものであるととらえると、大人の関わり方は大きく異なってきます。インターパーソナルなものととらえると、子どもからの矢印の先端が大人まで届いていなくても、大人からの矢印を子どもの矢印の先端まで伸ばすことによって、矢印の先端同士が接触することになります（図８−１の下）。これをコミュニケーションととらえます。

大人からの矢印を伸ばすというのは、子どもの表情や身振り、何を見ているのか、声の調子、子どもの好きなものや嫌いなものなどを駆使して、子どもの言いたいことを汲み取ろうとする大人の行動を指します。子どもの発信が未熟であっても、言いたいことを汲み取る大人の敏感な感受性があれば、矢印の先端同士が接触し、コミュニケーションが成立すると考えます。

最初に紹介したバックレイは、コミュニケーションの定義を記したあと、コミュニケーションに含まれている要素として、「メッセージを送る人」「メッセージ」「メッセージを受け取る人」を挙げています。つまり、コミュニケーションにはメッセージを受け取る人の存在も欠かせないということなのです。

このように、コミュニケーションをインターパーソナルなものととらえると、大人が子どもの伝えたいことを理解し、子どもが大人の伝えたいことを理解し、そして子どもは自分の伝えたいことを大人が理解してくれたということを理解するようになります。さらに子どもが人生の最初の時期に、しっかり「わかる」ということを、人とのかかわりを通して経験することの重要性が浮き彫りになってきます。

障害の有無にかかわらず、すべての子どもにとって、人生の最初の時期に「わかる」経験をしっかり保障することにより、「わかる」ということがどういうことかがわかるようになります。「わかる」経験を十分に積み上げた子どもは、自分が「わかっていない」ということがわかるようになります。「わかっていない」ことがわかっていれば、わかるための手段を講じることができますが、「わかっていない」ことがわかっていなければ、曖昧な状況の中でぼんやりと時間が過ぎていくことになってしまいます。

聴覚に障害のある子どもは、聞こえないがゆえに人生の最初の時期にわかる経験を積み上げにくくなります。だからこそ、音声はもちろん、手話や身振り、実物やイラスト、声の抑揚や表情など、手段にこだわらず、あらゆる方法を駆使しながら、子どもが「わかる」経験ができるような環境を作ることが、その後の言語獲得や教科学習の基盤になっていきます。聴覚に障害のある子どもは、その後の人生の中で、よく聞き取れなかったり、何を言っているのかがわからなかったりすることがあると思います。そのようなとき、自分が「わかっていない」ことをちゃんと自覚できれば、「もう一度言って」「紙に書いて」「手話で話をして」など、わかるための手段を求めることができます。つまり、わかる経験を十分に積みあげていくコミュニケーションの経験が重要なのです。

(2) 小さな主語で考えること

ろう教育の歴史は、指導法の攻防の歴史と言い換えても過言ではありません。聞こえない子どものコミュニケーション方法として手話が有効なのか音声が有効なのかについては、これまで多くの議論がなされていますが結論は出ていません。おそらく今後も結論は出ないでしょう。というのも、すべての聴覚障害児にとって最も有効なコミュニケーションなど存在しないのです。

ということは、すべての子どもに有効な指導法も存在しません。では、子どもと日々向き合っている聾学校の教師として、コミュニケーション方法をどのように考えたらいいのでしょうか。

当たり前のことですが、目の前にいる子どもから始めるしかないのです。聴覚障害児にとって最もわかりやすいコミュニケーション方法は何か、というように、主語の「聴覚障害児」を大きくしてしまうと、その方法に合わない子どもを切り捨ててしまうことになります。コミュニケーションを考える際には、主語を小さくして、「目の前にいる子ども」にとってどのようなコミュニケーションがわかりやすいのか、と考えるとこの問いに答えが見つかります。

聴力に頼るのは厳しいから視覚を用いる手話が有効かというと、一般論としてはそうかもしれませんが、そうでない子どもも存在します。一方で、中等度難聴だから手話より音声のほうが有効だと決めつけると、音声だけでは十分に理解できず、わかりにくい状況を作り出してしまうこともあります。つまり、すべての聴覚障害児にとって最もわかりやすい唯一のコミュニケーション方法を求めるのではなく、目の前にいる子どもにとってわかりやすいコミュニケーションという視点から考えていくことが必要です。そして、ここでいうコミュニケーション方法は、ひとつではありません。状況や場面によって複数を組み合わせることも必要になってきます。

教科指導の中で日本語としてどう表すか確認したい場合は、音声や日本語対応手話、文字などを使ってまとめることが必要になってきます。一方、道徳や学級活動での話し合いなど、子どもたちに意見を自由に交流させたい場合は、日本手話での会話のほうが、やりとりが深まるかもしれません。

このように、聾学校でコミュニケーションを考える際、「○○を使わせない」という引き算ではなく、様々なコミュニケーション方法を状況や場面に応じて複数組み合わせて使っていく足し算の考え方が大切になってきます。そして、子どもが状況に応じて手話や音声、文字など複数のコミュニケーション・ツールを使い分けられるような力を育てていくことも必要です。

(3) 卒業後の育てたい姿

コミュニケーションをとり始める時期に、ひとつのコミュニケーション方法に限定することなく、わかる経験を保障することが重要だと述べました。では、生徒が聾学校を卒業し、社会に出ていく姿を考えてみましょう。補聴器や人工内耳を活用して一定程度音声でのやりとりが可能であっても、聞こえる人のように聞こえているわけではありません。騒音下や補聴器を外さなければならない場面などもあり得ます。そのようなとき、手話を知っていればコミュニケーションの幅が広がりますし、手話を日常的に使用している人ともコミュニケーションが可能になります。

一方、手話を日常的に使用している人も、日本語の読み書きの力をつけることで、テレビの字幕や音声認識ソフトを通して得られる文字情報、先人たちの知恵が結集された膨大な書籍を通して、多くの知識や情報を得、自分の世界を広げることができます。手話さえできればそれでいいのではなく、日本語を読む力や書く力の習得が、聞こえない子どもの社会参加の幅を広げます。

そのように考えると、活用できるコミュニケーション方法はひとつより2つ、2つよりそれ以上あったほうが卒業後の選択肢が広がるといっても過言ではありません。聞こえない子どもといっても、聴力や手話環境の有無、保護者や本人の考え方などで、最も快適なコミュニケーション方法は様々です。しかし、聾学校に在籍する子どもについては、卒業までには手話も日本語（読み書きを中心として、聞くことや話すことも可能であれば）もしっかり身につけさせ、社会へと送り出すという強い覚悟を聾学校の先生にはもってほしいと思います。

2 各コミュニケーション方法の特徴と活用

本節では、聴覚障害児と接する際に知っておいてほしいコミュニケーション方法について説明します。各コミュニケーション方法の特徴については、「聴覚障害教育の手引」の第1章第4節に詳しく述べられています[2)]。この手引は、文部科学省のホームページからもPDFファイルをダウンロードできます。ここでは、各コミュニケーション方法を授業で活用する際の留意点や、聴覚障害児を指導する際に教師が知っておいてほしいことを中心に述べたいと思います。

(1) 聴覚活用

近年の目覚ましい技術開発の恩恵を受け、重度の聴覚障害児であっても補聴器や人工内耳を通して、音声情報を活用して授業を受けたり、生活をしたりしている子どもが増えてきています。また、学校場面では、話者にマイクをつけてもらい、そのマイクから補聴器に直接音声情報を送る補聴援助システムがよく活用されています。さらに、高音急墜型の難聴の子どもに対して、聞こえにくい高音部は人工内耳、聴力が残っている低音部は補聴器で聞こえを補助するハイブリッド型人工内耳など、補聴機器は日進月歩の発展をしています。聾学校の教員は、このような最新の補聴機器に関する知識をアップデートすることが大切です。

一方、聴覚を活用できることを前提とした授業では十分な理解が困難な子どもたちがいることも事実であり、聾学校は聴覚を十分に活用できない子どもたちに対しても、しっかりと言語習得支援と学力保障をする必要があります。そのような子どもたちこそ、聾学校を最も必要としていることを意識し、聴覚以外の方法も活用して、わかる授業を展開できることも、聾学校教員の大切な専門性です。

また、一見聴覚を十分に活用し、日常生活にかかわるやりとりや既知の内容については聴覚で十分理解できているようにみえる子どもであっても、教科学習など未知の内容については、音声だけでは十分に理解できなかったり、聞き取れたことを部分的につないでちぐはぐな理解をしていたりすることも少なくありません。聴覚だけでは十分に理解することが難しいということを念頭に置き、手話や文字、実物や写真の提示など、様々な工夫をすることによって、少なくとも先生が何を言っているのかがわかる授業を行うことが大切です。

(2) 文字を介した情報保障

文字は、日常生活のありとあらゆるところに存在します。授業の場面を取り上げても、教科書、板書、掲示物、プリントなど、文字情報はあらゆるところに存在します。また聴覚からの情報入力に制限のある聴覚障害（児）者にとって、文字を介して情報を収集したり、聴覚による入力を補ったりするなど、文字は大変重要な情報源です。新聞や本のような活字媒体だけでなく、インターネットやSNS、メール、テレビの字幕など、リアルタイムに情報を手に入れる手段としても、文字が重要な役割を担っています。かつて聴覚障害者は、テレビやラジオ、駅の構内放送など、聴覚からの情報を得ることが難しいことから、情報障害者と言われることもありました。しかし、今やインターネットやSNSなどにより聴覚障害（児）者も聴者と同様の情報を手に入れられる時代になってきています。

特に、高等教育機関で学ぶ聴覚障害者のために、文字を介した情報保障の技術が格段に進んできました。聾学校でこのような技術を使うかどうかは別にして、聾学校で学ぶ聴覚障害児自身が、いずれ高等教育機関や就職先でこのような情報保障の技術に触れることが予想されることから、こうした技術について知っておくことも必要でしょう。ここでは、パソコン要約筆記ソフトと音声認識アプリを紹介します。

1) パソコン要約筆記ソフト

パソコン要約筆記ソフトとして、現在最もよく使用されているのが「IPtalk（アイピートーク）」です。これは、要約筆記者がPCに文字入力を行うと、リアルタイムで他の複数のパソコン画面上に打ち込んだ文字が見やすい形で表示されるソフトです。このIPtalkの優れたところは、複数の人が連携しながら入力することで、より多くの話しことばの情報を文字として表示できることです。各自治体では要約筆記者の養成を行っており、高等教育機関や聴覚障害者が参加するイベントなどでこのソフトがよく使用されています。聾学校においても、聴覚障害のある教員がいる学校の会議の際の情報保障手段として、教員が交代で入力を行っているところも多くあります。なお、IPtalkは無料でダウンロードできます。

2）音声認識アプリ

また、話しことばを自動で文字に変換するアプリも開発されています。「UDトーク」や「こえとら」など様々なアプリが無料でダウンロードできます。これらのアプリは、スマートフォンやタブレットPCなどにダウンロードし、マイクで拾った音をアプリが次々文字に変換します。かつては変換率が悪く、誤字も多かったのですが、現在普及しているものは誤変換が少なく、日常的な会話であれば、ほぼ問題なく使用できます。

高等教育機関や学校で用いる場合、話者（先生）がストラップのついたマイクを首にかけ、Bluetoothで音声をアプリの入った端末に飛ばすと、端末のディスプレイに文字が表示されます。「あー」「えー」などの話の合間の語を自動的に削除して文字表示するなど、読みやすく表示されます。ただし、90分間教師が話し続けるような講義に対して音声認識アプリを使って情報保障する場合、大切な情報も冗長な情報もすべて文字化されるため、聴覚障害者は膨大な量の文字を読み続けることになります。そのため、長時間の使用は、聴覚障害者にとって、かなりのエネルギーを消耗することになります。

場面や状況によって使いやすいものを使い、自分に必要な情報を入手できる力が、これからの聴覚障害児には求められることになります。一方、日本語の読み書きの力があれば、文字を介して様々な情報を手に入れられますが、日本語の読み書きに困難がある場合、このような科学技術の恩恵を受けられないことになります。話す力、聞く力も、低いよりは高いほうがよいと思いますが、聴覚障害児にとっての読む力や書く力は、これからの時代を生きていくうえで、これまで以上に求められているといえるでしょう。

(3) 指文字・キューサイン

指文字もキューサインも手を使うため、手話の一種だと思われがちですが、これらは日本語の音韻を手を用いて表す方法で、手話とは異なります。日本語を文字で表せば書記日本語、声で表せば音声日本語、6つの点で表せば点字になるように、手を使って表したものが指文字で、手と口形を組み合わせて日本語の音韻を表示するのが、キューサインです。指文字やキューサインが具体的にどのようなものなのかは、前述の「聴覚障害児教育の手引」[2]を参照してください。ここでは、どのような場面で指文字やキューサインを使うのかについて説明し、併せて留意すべき点についても述べます。

1）指文字

指文字は、日本語50音を片手で表示するものです。濁音や半濁音、促音は、清音の指文字を横や上、手前に動かすことによって表します。基本的には1モーラにひとつの指文字が対応しています（「モーラ：mora」とは、一定の時間的長さをもった音の分節単位で、「拍（はく）」とも訳されます）。聴覚障害児が日本語を習得する際、「魚」の意味もよくわかり、漢字も読めるのに、発音すると「さなか」や「さなかな」になることがあります。このようなとき、指文字を使うことによって日本語の音韻としてどのように表現されるのかを確認したり、指導したりすることができます。ただし、拗音（ようおん）については、2つの指文字、例えば「き」と「ゃ」で表すため、話しながら指文字で表現する場合、スピーチのリズムと指文字が合わないこともあり、注意が必要です。

日本語を指文字だけで表そうとすると、表現する側はかなりのスピードで手を動かさなければならず、読み取る側も速すぎて読み取れないことも多くなってしまいます。このため、指文字はコミュニケーションとして使うというより、手話や音声での説明や会話の中で、日本語の音韻としてどう表すのかを伝えたいときや、子どもが理解している単語の正確な音韻を確認するときに、部分的に使うことが多くなります。

2）キューサイン

キューサインは、読話の補助手段として、読話がしにくい子音の部分を手で表し、読話が容易な母音の部分を口形で表し、手と口形を組み合わせて話者のスピーチを理解する方法です。アメリカのろう教育学者オリン・コーネット（R. Orin Cornett）によって1967年に聴覚障害児教育における読話の補完手段としてキュー（cue）が開発されました。その後、子音と母音が交互に配列される日本語の特徴とキューの相性がよいことから、1970年代から80年代にかけて日本で急速に普及しました[3]。

「たまご」と「たばこ」の口形は全く同じなので、聴覚的に聞き分けられなかったら文脈で判断するしかありません。しかし、読話では判別が困難な子音の部分を手で表示することにより、単語の正確な音韻を子どもに伝えたり、子どもが表現したりすることができるため、キューを読話の補助手段として取り入れている聾学校もあります。教師の発話すべてにキューをつけて話をし、子どもにもそれを求める場合、それは、キュードスピーチという聴覚障害児の指導法のひとつになります。

一方、日本語の音韻を子どもが正確に理解しているかどうかを確認したり、教師が日本語の音韻を正確に伝えたりする場面のみキューをつける場合、キューサインあるいは発音サインと呼ぶことが多いです。キューサインは、日本語の子音の数だけ覚えればすぐに使えるようになるため、教師や保護者にとっては使いやすいものの、現在統一的なキューサインがあるわけではなく、聾学校ごとに独自のキューサインを使っているため、他の聾学校とキューサインを使って会話をするということは困難な状況です。

また、そもそもキューサインは、読話の補完手段として用い、その言語の音韻体系が理解できたら、口話、手話や指文字に置き換えていくことを前提としています。もし、その手続きをしないまま社会に出た場合、口話による発話や理解が不十分であったり、手話や指文字もわからなかったりして、その聾学校でしか使われないキューサインの会話しかできないことになってしまいます。そのため、キューサインを指導に使う場合、発達に伴ってキューサインをどう教育の中で位置づけていくのかについて考えていく必要があります。

(4) 手話

特別支援学校学習指導要領の中には(「第２章　各教科」)、聴覚障害者である児童に対して教育を行う特別支援学校の配慮事項に、「児童の聴覚障害の状態等に応じて、音声、文字、手話、指文字等を適切に活用して、発表や児童同士の話し合いなどの学習活動を積極的に取り入れ、的確な意思の相互伝達が行われるよう指導方法を工夫すること」と書かれており、現在ほとんどの聾学校の教育活動の中で手話が積極的に使用されています。

授業のねらいや活動内容などによって、適切に手話を活用することによって、教科学習を深めることができます。授業の中での手話の役割として、大きく以下の３点が考えられるでしょう。

1）授業の効率性が高まる

第１に、手話を活用することによって授業の効率性を高められることです。中学部、高等部になると学習すべき内容も多く、すべてを板書や口話だけで伝えようとすると、説明したことが伝わっているかどうかの確認だけで多くの時間を割かなければならず、効率性が下がります。手話を活用することで、子どもが先生の話を理解する負荷を下げ、また多くの情報を短時間に伝えることができます。

とはいえ、学習すべき内容に出てくることばすべてに手話単語があるわけではありません。聾学校で子どもの指導にあたっている教員自らが教科学習に必要な手話単語を作ることもあります[4) 5)]。イメージを伝えるという手話の特性を活かして、教科学習の中で出てくる用語の手話が考えられています（図８－2）。ただし、この手話を使えば、子どもがその用語の意味を理解できるわけではないので、あくまでも子どもと「このことばは、この手話で表そう」という約束のもと、教科の手話を上手に使っていくことが大切です。

2）子ども同士でやりとりができる

第２に、子どもたちの共通のコミュニケーション方法として、教師が中に入らなくても、子ども同士でやりとりができることです。教科学習の中で、子ども同士の学び合いの時間や児童会、生徒会活動など、子ども自身が仲間と話をする際、手話が有効になってきます。その際、転校してきたばかりの

同位角（どういかく）
①両手指文字「モ」。「同じ」
②右手5指を湾曲にし、伏せる。「場所」
③左手の「レ」で角を表す。

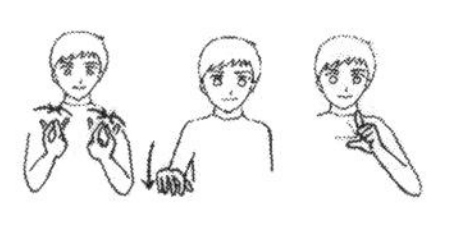

錯角（さっかく）
両手の親指を人差し指を「レ」にし、
角を作り、錯角の部分を示す。

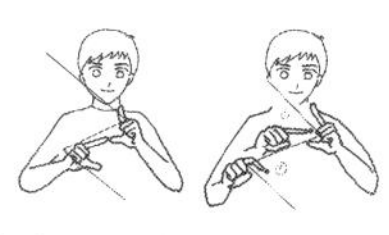

図８－２　教科で使用する手話の一例

引用者注：例えば、算数の同位角や錯角がどのようなものなのかを授業で説明するために、それらを日本語で「どういかく」「さっかく」と呼ぶことを理解させたうえで、これらの手話を使っていく。このような手話を使うことによって、同位角や錯角のイメージを与えることができるため、教科指導にとっても有効である。

出典：文献５）より。

子どもや聴覚優位の子どもなどにも仲間と手話で会話ができるように、普段から手話に接する機会を作っておくことが必要になってきます。

3）日本語の力が促進される

手話は意味を伝える言語です。例えば、日本語の読み書きが苦手で教科書の内容を自力で理解することが困難な子どもであっても、手話により意味を伝えることができるので、教科書の内容を伝えることができます。手話を通して理解した内容が日本語としてどのように表現されるのかをその後学ぶことにより、日本語学習が促されることになります。

手話が教科学習に有効であることはそのとおりですが、それだけが聞こえない子どもに手話が必要な理由ではありません。手話を習得することで、自らを肯定的にとらえ、自らに誇りをもてるようになることが、多くの成人聴覚障害者から報告されています。それは手話が言語であり、言語はその言語を習得している人のアイデンティティと密接に関わってくるからです。少なくとも聾学校にいる子どもたちには、人工内耳装用の有無、聴力、成育歴にかかわらず、高等部卒業までには手話と日本語の２つの言語をもって社会に送り出す、という聾学校の覚悟が必要ではないでしょうか。

3 聾学校における実践例

（1）幼稚部・小学部の実践例

1）けんかの場面を活用した指導

幼稚部では、意図的にコミュニケーションの指導をするための時間を設定するというより、遊びの時間や給食の時間の中で支援が必要な場面をとらえて、教師が指導、支援をすることが一般的です。特にコミュニケーションを学ぶ場面として重要なのは、友達とのけんかの場面です。けんかはコミュニケーションや自己理解、他者理解の指導をするうえで貴重な場面です。そのため、すぐに止めてしまうのではなく、子どもの発達段階を考慮して、上手に教師が関わることが必要になります。

子どもの発達段階が、自分の思いや要望を日本語や手話で、ある程度話ができる「二次的ことば」の段階なのか、大人の力を借りないと自分の思いや要望を伝えられない「一次的ことば」の段階なのかによって、教師の関わり方が変わってきます。

「一次的ことば」の段階の子どもは、けんかで自分の思いを日本語や手話でまだ十分に伝えられないため、教師が本人に確認しながら代弁したり、補足したりしながら、どのように伝えたらよいかのモデルを示すことが多くあります。子どもはモデルとなる教師の手話や日本語を借りながら、自分の思いを主張していくことになります。

また、相手の子どもがわかっているのかを確認し、わかっていないようなら教師が繰り返したり、子どもにもう１度話をするように伝えたりするなど、子どもの間に入ってコミュニケーションの媒介をすることが求められます。しかし、「二次的ことば」の段階に入ったら、教師が子どもの言いたいことを代弁してしまうと、子どもが自分の思いを日本語や手話で主張する貴重な機会を奪ってしまうことになってしまいます。そのため、「二次的ことば」の段階に入った子どものけんかの際には、見守る姿勢を大切にしながら、「どんなふうに話をしたらあなたの気持ちが伝わると思う？」「○○ちゃんは、あなたの伝えたいことがわかっていないと思うよ」など、子どもが自分の日本語や手話を客観的にとらえることができるような声がけが有効です。この段階では、教師は過剰に介入するのではなく、子ども同士がどのように自分たちで解決していくのかを見守り、子どもたちに解決を任せていくことが子どもたちの成長につながります。

けんかは教師が意図的に仕かけていくものではなく、子どもの生活の中で偶発的に起きてくるものです。そのため教師は、そのような機会をしっかりとらえる目を培い、どこまで介入し、どこからは見守るのかを子どもの発達段階に応じて考えられることが大切です。そして、このことが、聾学校教員としてのコミュニケーション指導の専門性と考えます。

2）話し合い活動の指導

小学部に入ると、行事の役割分担や児童会活動など、子どもたちが話し合いをして決める場面が多くあります。また、授業の中で、話し合い活動を取り入れることもあると思います。その際、まず教師が最初に考慮すべきことは、共通のコミュニケーション方法の確立です。

同じ聾学校にいながらも子ども同士で話ができないという状況を避けるためにも、聾学校の中での共通のコミュニケーション方法について、教師集団や子どもらと共有しておくことが大切です。その際、個々の子どもの最も使いやすいコミュニケーション方法を尊重しつつ、学部や学校全体で集まったときの共通のコミュニケーション方法を定めておくことが、子ども同士で通じ合える環境を保障することになります。特に、通常の学校から転校してきたばかりの子どもや、聴覚活用ができ普段は音声でやりとりができる子どもにも、手話の必要性や共通のコミュニケーション方法の意義を繰り返し説明していくことが重要になってきます。

話し合い活動を行う際にはさらに、活動の終了後に、活動がどうだったかを客観的に振り返る時間を作ることが有効です。その中で、「伝わりやすくするには話し方をどのようにしたらよいか」「記録や板書をどのようにしたらよいか」「異なる意見が出たときは、どのようにまとめるか」などについて振り返り、そこで教師がアドバイスすることで、徐々に子どもたちで話し合えるようになっていきます。

話し合い活動をしている場面では、その場で指導するより、事後の振り返りで助言するほうが、子どもたちの自主性を育てることにつながります。このような事後の振り返りにより、自らのコミュニケーションや話し合いに対して自覚的になり、自分がわかっているのかどうか、わかっていない場合にはわかるための手段を積極的に求めていけるようになると思います。

そして何より、話し合い活動で重要なことは、話し合う必然性のある題材を用意することです。話し合うことそのものは、目的ではなく、手段であり、その結果として子どもたちにとって得るものがないと、子どもは話し合いに主体的に参加することはありません。「犬と猫ではどちらを飼いたいか」のような題材は、子どもにとって現実的に話し合う必然性がないため、話し合うことが目的になってしまいます。そうではなく、例えば、「遠足のバスの中でどんなレクリエーションをするのか」「文化祭で演じる劇の役決め」など、話し合う必然性のある題材を通して、結果的に他者にわかりやすく伝えたり、意見の違う他者と折り合ったりすることを学んでいくように工夫したいものです。

(2) 中学部・高等部の実践例

1) 場面によるコミュニケーションの選択

中学部・高等部になると、卒業後必要となるコミュニケーション方法が視野に入ってきます。手話が一番快適なコミュニケーションである生徒であっても、社会に出て、まわりに手話のわかる人がいない場合には、どのようにまわりの聞こえる人とコミュニケーションをとるのかを考えることが必要になります。また、聾学校の中では自分の発音を聞き分けられる先生が多くても、社会に出たら自分の発音を聞き分けられない人も多くいるかもしれません。このようなことを考えると、使えるコミュニケーション方法は少ないより多いほうがよいのは確かです。

音声しか使えない人と、音声も手話も使える人とでは、どちらが受け取れる情報が多いかを、中学部・高等部の生徒に考えてもらいましょう。そのためには、自立活動の時間などで、様々な場面を想定し、そこで自分ならどのようにコミュニケーションをとるかを考える機会を作っていくことが大切になってきます。このとき、自分のこととして生徒に考えさせることが肝要です。「○○の場面では○○の方法を使う」という一般論ではなく、「自分なら○○の方法を使う」と自分なりのコミュニケーションを考えていくことが生きた力につながります。その意味では、子どもによって答えが変わってくるのは当然であり、このような授業を自立活動で行っていくことにより、自己理解と他者理解にもつながってきます。

2) 情報保障

情報保障に関わる様々な福祉サービスの存在を知ることも、聞こえない人が社会参加をしていくうえで必要な知識になります。耳が聞こえないから我慢したりあきらめたりするのではなく、音声情報を文字で伝えてくれる要約筆記ソフトや手話通訳サービスなどを上手に使って、必要な情報をしっかりと得ることの重要性を伝えてほしいと思います。

そのようなサービス等を上手に使って生活をしている成人聴覚障害者の話を聞くことも、子どもたちが社会に出た後のイメージをもつうえで有効です。さらに、UDトークのような音声認識アプリやiPadなどのタブレットで簡単に筆談することができます。様々な生活を支援するICTについて取り上げることも必要になってくるでしょう。

＊　＊

最後に、なぜ聞こえない子どもたちに様々な指導を行うのかについて、今一度考えてほしいと思います。どんなに高い学力があっても、どんなに高い言語力があっても、どんなに聴覚活用が上手にできても、そのような力が子どもの幸せな人生につながらないのであれば、何のための学力や言語力なのかわかりません。子どもの幸せな将来のために、聾学校で子どもたちに指導を行っているということを、私たちは常に念頭に置いて子どもたちに向き合わなければならないと思います。今行っている指導のひとつひとつが子どもの将来の幸せにつながっているのです。その最も基礎になるのが、乳幼児期から小学校での「わかる」経験、「わかる」コミュニケーションの蓄積なのです。

引用・参考文献

1）B. バックレイ（丸野俊一監訳）（2004）『0歳～5歳児までのコミュニケーションスキルの発達と診断――子ども・親・専門家をつなぐ』北大路書房。
2）文部科学省（2020）『聴覚障害教育の手引――言語に関する指導の充実を目指して』ジアース教育新社。https://www.mext.go.jp/content/20200324-mxt_tokubetu02-100002897_003.pdf（2022年11月5日最終閲覧）
3）草薙進郎・四日市章（1997）『聴覚障害児の教育と方法』コレール社。
4）根本匡文（1998）『学習場面で使う手話――国語・数学・社会・理科・英語』東峰書房。
5）ろう教育を考える全国協議会（2015）『学校の手話――ゆたかな学習と生活のために』星湖舎（発売）。

（武居　渡）

第9章 難聴の子どもへの指導

1 難聴の子どもの理解

(1) 初めての「きこえの教室」

初めてきこえの教室の担当者になられた先生にお聞きします。

「いかがですか、きこえの教室は？　そして難聴の子どもは？」

実は筆者は、「きこえの教室」や「難聴の子ども」について何も知らないまま、きこえの教室の担当教員として着任しました。それでも当時は、新規採用で意欲的だったので、何とかなるのではないかと思いながら初めての教員生活をスタートしました。ところが、子どもたちと出会い、衝撃を受けました。発音の不明瞭さや初めて見た補聴器、毎回付き添ってくる保護者の存在と指導への熱心な思いに驚かされたのでした。そしてすぐに、これは大変な教室に来てしまった、とオロオロするばかりでした。どうでしょうか。初めてきこえの教室の担当者になった方なら、思い当たる節があるのではないでしょうか。

あれから38年間、筆者は「きこえの教室」の担当者を続けてきました。長く続けてこられたのは、それだけこの仕事は魅力的で楽しく、やりがいのあるものだったからです。

そこで、本章では、初めてきこえの教室の担当者となられた先生へ、筆者の体験談を踏まえながらきこえの教室と難聴の子どもについて述べたいと思います。

この章では、主に小学校～中学校の子どもたちについて、述べていきます。

(2) 難聴の子どもって?

「きこえの教室」に通う子どもたちは、通常の学級に在籍しています。聴力レベルでいうと軽度難聴から中等度難聴という区分に分類される子どもが多いと思われます。しかし、聴力レベルが重度のお子さんや、高音急墜(きゅうつい)型難聴（高音に障害）や一側性難聴（片方の耳の障害）のお子さんなど、様々な聴力型の子どもたちがいるのが現状です。

この子どもたちに共通するのは、〝聞こえない子ども〟ではなくて、周囲の環境や相手などによって、聞こえたり聞こえなかったり、あるいは聞こえにくかったりする子どもであるということです。つまり、場面や相手によって、話がわかったりわからなかったりする子どもたち、ということです。

そのことは、教師が気づきにくいだけでなく、周囲の子どもたちもわかりにくいのです。難聴の子ども自身も気づいていないことがよくあります。

また、聞こえにくさのある子どもたちには共通する特徴がみられます。

ひとつ目は、自分が「こうだ」と思ったことを変えることが難しく、臨機応変な対応がとても苦手であることです。このため、周囲から頑固だと思われることがあります。

2つ目に、連絡事項が伝わっていなかったときなど、自分だけが知らなかった、知らされていなかったなどと、苦情を訴えることがあります。

3つ目は、周囲の状況に合わせて行動することが難しい場合が多いようです。そのため、周囲からマイペースだと思われることがあります。

これらの特徴は、聞こえにくさや聞こえないことからくる情報量や理解の不十分さに起因していると思われます。教師は「聞こえなかったからわからなかったのだ」と捉えますが、難聴の子どもたちは「自分が聞こえていなかった」ということがわからないため、自分だけが仲間外れにされた、という意識が強くなるためだと考えられます。こうした子どもたちが通ってくるところが「きこえの教室」です。

(3) 「きこえの教室」(難聴通級指導教室)の役割

小学校・中学校の通常の学級に在籍する難聴の子どもの学びの場には、「きこえの教室」（難聴通級指導教室）で行われる「通級による指導」があります。この他に、「難聴特別支援学級」があります。難聴特別支援学級に在籍し、親学級あるいは母学級と呼ばれる通常の学級で、授業を受けている子どもたちもいます。

次節では「きこえの教室」に通級している子どもたちについて述べます。「きこえの教室」の指導のねらいは、通常の学級での生活や学習の中で、子どもがもっている力を十分に発揮できるようにすることです。そのための指導や支援をするのが、「きこえの教室」の役割となります。

2 「きこえの教室」における指導

(1) 難聴の子どもに出会ったら

初めて難聴の子どもに出会ったとき、どのようなことをすればよいでしょうか。

まず、子どもがどのような様子なのか、どのようなことに困っているのかなどを知ることから始めます。子どもと話したり遊んだりしながら、聞こえ方や受け答えの様子にどのような特徴があるかを観察します。行動観察のチェックリストなどがあると、観察の指標となり、観察結果について通常の学級の担任など他の人とも共有しやすいでしょう。筆者の教室では、チェックリストを使用しています。チェックする項目と気をつけて観察するポイントは、次のようなものです。

- ●聞こえの様子：話しかけへの反応、ことばによる指示への反応など
- ●話す態度：発話への意欲、視線、場に適した反応、不規則な発言、緊張や不安など
- ●話の内容：発話量、話の筋道、応答の合理性、表現の豊かさや幼さなど
- ●話し方：会話明瞭度、発音、声の様子、発話の速さや流暢性など

課題と思われる側面については、必要な検査を実施したり、情報を得たりして、さらに子どもの様子を確認します。

保護者や在籍校の先生から話を聞き、周囲の人が感じている心配な事柄を知ることも大切です。そこで、面談を行ったり質問紙に回答してもらったり

して、情報を収集します。

収集した情報から子どもの実態や課題を整理し、今後の手立てを検討します。その際に作成されるのが、個別の指導計画です。個別の指導計画には、主たる課題、子どもや保護者の願い、指導方針や指導目標、指導内容、配慮事項などを記載し、保護者や在籍校と共有します[1) 2)]。そして、作成した個別の指導計画を基に、「通級による指導」を進めます。

(2) 「通級による指導」の目的と指導の実際

「通級による指導」の目的は、在籍学級で自分の力を発揮し、生き生きと自分を表現する子どもを育てることです。

そこで行う指導内容は、「自立活動」です。子どもの実態や主たる課題に応じて、一人ひとりに合った指導内容を組み立て実施します。その際、指標となるのが、「自立活動」の内容として示された6区分27項目です。それらの中から、その子どもに必要な項目を選択したり組み合わせたりして具体的な指導内容を設定し、指導を行います。

表9－1に、自立活動の内容6区分と難聴の子どもに対して想定される主な指導内容の例を示します。

表9－1　自立活動の内容6区分と難聴の子どもへの指導内容例

<table>
<tr><th>6区分</th><th>指導内容</th></tr>
<tr><td>1　健康の保持</td><td rowspan="6">聴覚管理、難聴理解、自己理解
情緒の安定（安心感、見通しをもった行動、学習意欲）
自己肯定感
他者の意図や気持ちの理解、集団参加
補聴器や人工内耳の自己管理、
補聴器や人工内耳を活用した聞き取り、環境調整
構音指導
ことばの理解力・表現力、
他者との意思疎通や状況に応じたコミュニケーション</td></tr>
<tr><td>2　心理的な安定</td></tr>
<tr><td>3　人間関係の形成</td></tr>
<tr><td>4　環境の把握</td></tr>
<tr><td>5　身体の動き</td></tr>
<tr><td>6　コミュニケーション</td></tr>
</table>

1）個別指導

一対一の個別指導では、個別の指導計画に記載した〝指導目標〟を念頭におき、その指導で何を学ばせたいのかを意識して指導内容を考えます。

指導内容を考える際の主な配慮事項は以下のとおりです。

- 子どもの興味・関心に合った指導内容や活動を取り入れ、学習意欲をもたせる。
- 聞く、話す、読む、書くの言語活動がバランスよく組み込まれている。
- 子どもの力に合った難易度（自信をもって取り組める程度～少し手ごたえがある程度）を設定する。
- 「自分で考えてわかった」と思えるような主体的に取り組める手がかりを工夫する。

次に、1単位時間（45分）の個別指導例を示します。

①指導のねらい（中等度難聴　小学1年生）

- 経験したこと（避難訓練）をことばで表すことができる。
- 「学校」に関連することばの知識を増やす。
- できたことを自分で確認することができる。

②学習活動

筆者が作成した学習活動案を、図9－1として次頁に挙げます。

2）グループ指導

通級による指導では、個別指導が原則です。しかし、必要に応じて小集団で学習することもあります。グループ指導は、子どもが個別指導で学んだことを実践する場であり、在籍学級のような大きな集団でのコミュニケーションの前段階として、複数の子どもたちと関わる経験を積む場でもあります。

グループ指導の活動例として、休日の出来事を発表する、ことば集めやクイズを一緒に考える、ゲームの作戦を相談する、一緒に遊ぶなどがあります。これらの活動で経験する成功や失敗、友達の反応、困ったときの対応などが、大きな集団の中で同様の活動をするときの手がかりになったり自信になったりします。

さらに、同じ難聴の子どもたちと接することで、自分は一人ではないという仲間意識をもったり、悩みを相談し合ったりする機会にもなります。このような仲間とのやりとりは、心理的な安定や次に述べる自己理解にもつながります。

分	活動内容	指導の手だて・配慮事項	用意する物
5	はじめのあいさつ 1　今日の学習内容を確認する ・学習予定表に学習の順番を記入する。	補聴器チェックをする。 ・取り組みたい順番を決めさせる。 学習の順番を自分で決めることで主体的に取り組みやすくする	学習予定表
15	2　直接経験したことをことばで表現する。 ・昨日の避難訓練について話す。 ・避難訓練の生活文の読み取りをする（ことばの穴埋め、問題に解答）。 直接経験→絵や写真→生活文と、経験したことを徐々に絵やことばに置き換えていくことで「わかる」を実感できるようにする	視覚的なヒントを用意し、経験を想起しやすくする ・避難訓練の絵や写真を示す。 ・経験に即した生活文を示す。 ・ことばえじてんなどで調べる。 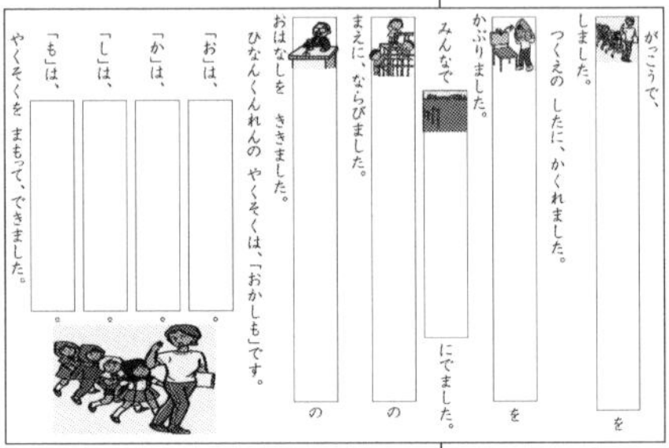 	絵・写真 ことばえじてん 生活文ワークシート（下の図）
20	3　学校に関連することば集め ・学校で使うことばの絵カードの名称を文字カードに書く。 ・絵カードと文字カードを使って、神経衰弱をする。 ゲーム感覚で、楽しく主体的に取り組めるようにする	・ことばえじてんなどで調べる。 ・文字カードの音読、絵とことばのマッチングにより語彙を増やす。 視覚的な手がかりとして絵を用意し、取り組みやすくする  	絵カード 文字カード ことばえじてん
5	4　今日の振り返り ・頑張ったことなどを自己評価する。 終わりのあいさつ	・学習した物を見せ、頑張ったことやできたことを伝える。 「わかった、できた」という思いをもたせる	

図９－１　学習活動例

出典：筆者作成。

3）自己理解

学校や社会で自分の力を発揮するためには、周りの理解を得たり、力を発揮しやすい環境を整えたりする必要があります。

幼いときは、身近な大人が難聴について周囲の人に説明したり、必要な配慮をしてくれたりします。しかし、学年が進んだり、社会に出たりしたときには、自ら周りに働きかけて、環境を整える必要があります。その際重要なのは、自分のことを説明する力です。自分の聞こえ方（にぎやかな所は苦手、口形を見ながら聞いている……）、協力してもらいたいこと（近くで話してほしい、口元を見せてほしい、筆談で……）など、自分に必要な支援を理解した上で周りに求める姿勢が大切です。

このように自己理解を進めるには、自己肯定感が土台にあるということが必要です。自分のよいところを知り、難聴はあるが力を発揮できるという意識や自信があって初めて、自己を見つめることができるのです。

また、自己理解を図るために、同じ障害のある仲間や先輩との交流はよい機会になります。グループ指導などの場で、いろいろな友達の考えを聞くことは、自分の聞こえ方や必要とする支援を考えるきっかけになります。同じ悩みや葛藤を抱え、乗り越えてきた先輩の話を聞くことで、共感したり、自分の将来像をイメージしたりすることができます。自己肯定感の向上と自己理解は、難聴の子どもたちの自立に欠かせないものです。

(3) 進路を考えるための取組み

1）他機関との連携

子ども理解を深めるために、関係機関との連携が大切です。在籍校の校内委員会、医療機関や療育機関の情報は、子どもの実態を把握したり必要な支援を考えたりする際の根拠のひとつになります。

聾学校との連携は、子どもの自己理解や進路を考える際の助けになります。学校見学や教育相談に参加し、学校の特徴や学習環境や、そこに学ぶ子どもたちの様子を知ったり、先輩の話を聞いたりすることは、進路選択を考えるときの大きなヒントになります。

2）進路選択

小学校・中学校に在籍する難聴の子どもの進学先には、中学校・高校の通常の学級、難聴への支援を受けることができる難聴特別支援学級や聾学校の中学部・高等部など、様々な選択肢があります。主に使いたいコミュニケーション手段、学力、友人関係、伸ばしたい力、将来の希望などを考え、自分に合った学習の場を判断し、進路を選択します。

進路を考えるときに必要なことは、前述した自己理解です。教師は子どもが自分の特徴や必要な支援を理解したうえで、保護者らと相談しながら、自ら進路を選択できるようサポートします。

3 通常の学級との連携

(1) 通常の学級での生活における聞こえにくさ

難聴の子どもが、学校生活の中で、聞き落としたり聞き誤ったりしやすい場所や場面について述べます。

1）全校集会

全校児童が一堂に会する行事があります。例えば、月曜日の全校朝会や全校集会、始業式や終業式です。ここではマイクを通した音声を聞き取ることになります。このマイクを通してスピーカーから出された音声は、体育館などの中で反響するため、聞き取りにくいのです。

また、集会では、何人かの児童が話す場面もあります。今、どの人が話しているのかがわかりにくいと、聞き取りも難しくなります。さらに、大勢が集まると、難聴の子どもの周りにはざわつきもあります。つまり、騒音の中なので、聞き取りづらいのです。

2）校内放送

学校生活では、休み時間などに校内放送が入ることがあります。放送の際には、まずチャイムが鳴るので、聞こえる子どもたちは注意を向けることができますが、難聴の子どもにはこのチャイムの音の聞き取りが難しく、放送に気づくことができないこともあります。

聞こえる子どもにとっても多少の聞き取りにくさがあるものの、その放送の中にあるキーワードをつかむことで、だいたいの内容を察知することができます。例えば、「○○委員会」とか「○年生」とか「○○先生」といったことばです。それによって、自分に関係のある放送かどうかを判断し、注意して聞こうとしたり聞き流したりすることができます。しかし、難聴の子どもにはそれがつかめないことが多く、どんな内容だったかを正確に把握することが難しいのです。

そのうえ、周囲の友達に「今、何の放送だった？」とたずねても、「関係ないから大丈夫」といった返事しか戻ってこない場合、ますますどのような内容の放送だったかをつかめないままになってしまうのです。

3）BGM

常にBGMが流れている給食や掃除などの時間は聞き落としや聞き誤ることが多くなってしまいます。このような場面では、難聴の子どもにとってBGMも雑音を聞いているのと同じ状況になり、その中で交わされる会話は聞き取りにくくなってしまいます。

4）その他

休み時間は遊ぶことに夢中になっているため放送を聞き逃したり、授業中にみんなが笑ってしまうような場面では聞き取りにくかったりします。また、校内の階段は音が反響しやすく聞き取りにくいことがあります。

(2) 授業中における聞こえにくさ

次に、通常の学級の授業中の注意点について述べます。

1）板書しながら話す先生

授業中、先生は板書をします。板書自体は視覚的な手がかりとして、難聴の子どもには有効な支援です。でも、話しながら板書されると、話の内容をつかむことができません。なぜなら、先生は黒板のほうを向いているので、先生の顔の表情や口元が見えないからです。

ぜひ、書く時間と話す時間を分けてほしいと思います。

2）作業しながら話す先生

例えば、図工や家庭科の授業で何かを制作する際、先生が作り方を説明する場面をよく見かけます。また、音楽ではピアノを弾きながら話をしたり、体育では、動きを示しながら話をしたりする場面を見かけます。これも板書と同じように、作業する時間と話す時間を分けるように心がけてください。

3)「わかった？」「聞こえた？」と聞く先生

授業中、先生は難聴の子どもが理解できているか確認するために、「わかった？」「聞こえた？」とたずねることがあります。難聴の子どもは「わかった？」と聞かれたら「わかった」と返事をします。それなので、「わかった？」「聞こえた？」とたずねるのではなく、聞いてわかった内容について確認する聞き方をしてください。

4) 難聴を意識しない周囲の児童の言動

例えば、後ろや離れたところから声をかけたり、耳元で内緒話をしてきたり、班の話し合いの場面で下を向いてノートや資料を見たまま話したりすることがあります。

これらはみな聞き取りにくくわかりづらいので注意しましょう。

(3) 特に気をつけたい教科

1) 音楽

難聴の子どもは、音程をとることが難しいので、歌唱やリコーダーの演奏が苦手です。また、先生がピアノを弾きながら話すと、内容を聞き取ることが難しくなります。そのため、歌唱のテストは個人で受けるのではなく、他の児童との音程の違いが目立たぬよう何人かのグループで行うといった配慮が必要です。

合奏では、打楽器のほうがリズムをとりやすいでしょう。また、指揮者の合図がわかりやすい位置で演奏させることも配慮の一つです。

歌や楽器の演奏は苦手でも、音楽好きの難聴の子どもは大勢います。授業で音楽嫌いにならないようにしたいものです。

2) 体育

体育では、何をしたらよいのかが見てわかる位置に配置することが重要です。縦１列になって順番に走るような活動では３番目あたり、何人かが横１列になって鉄棒をするような活動では、２列目あたりが子どもにとってわかりやすい位置になります。

また、ドッジボールやバスケットボールなどでは、補聴器や人工内耳にボールが当たらないように配慮する必要があります。

そして一番配慮が必要なのは、水泳の授業です。水泳の授業では補聴器や人工内耳を外しているので、音声がほとんど聞こえない状態で授業を受けることになります。事前に授業の流れを説明しておいたり、プールサイドから小黒板で指示を出すなどの視覚的な手がかりを用意したりする必要があります。また、外した補聴器や人工内耳の管理にも注意してください。

3）作業を伴う授業（図工、理科の実験など）

授業全般のところでも述べましたが、図工の制作や理科の実験など作業を伴う授業については、作業をする時間とその説明をする時間を分けて行うことが大切です。安全面からも大事な配慮になります。

(4) 集団行動

1）学校行事

運動会や学芸会などの行事では、練習の段階から、指示を出す先生の顔がよく見える位置に着かせることが大切です。また個別の練習などで、前もって予習しておくことによって活動しやすくなります。何をしたらよいのかわかりやすい行動がとれる友達の近くに着かせることもさりげない配慮となります。

避難訓練はサイレンや放送が騒音となったり、避難した広い場所で話を聞くなど、聞こえにくい環境で行われるため、事前に子どもたちに内容を説明しておきましょう。

また、移動教室などの宿泊を伴う行事においては、初めての場所で初めての行動をとらなければならない場面が多くあります。緊張感から、いつもより聞き取りにくくなっていることもあります。事前に行動計画を知らせておくことが大事です。また、持ち物についても、何をどこでどのように使うのかといった確認をしておくことも必要です。

なお、行事の指導に際して、先生がスケッチブックとマジックペンを携帯し、必要に応じて指示内容を書いて示すことも有効です。

2）委員会やクラブ活動

委員会やクラブ活動では、異学年との交流があります。

難聴の子どもにとっては、楽しみにしている時間であっても、聞こえる子どもたちと同じように活動できる場面もあれば、できないこともあります。例えば、話し合いも苦手な活動のひとつです。

難聴の子どものことを知らない子どもも大勢います。そのため、普段接することのない子どもへの説明が必要になります。こうした配慮や指導により、からかわれるようなことなく楽しい時間を過ごしてほしいと思います。

3）休み時間

休み時間は遊びに夢中になっているため、子どもたち同士の音声によるやりとりがわかりづらくなっています。時には遊びのルールが変わったことがわからなくて、仲間外れにされていると感じることもあります。聞こえる子どもたちへ説明するだけでなく、難聴の子どもへは状況を教えて、誤解を解くことも必要です。

(5)「きこえの教室」担当者と通常の学級担任との連携

1）学級担任との連携

子どもが在籍学級で力を発揮するために、きこえの教室の担当者が、学級担任とどんな相談をしたり役割分担をしたりすればよいのかについて述べます。

まず、教科学習での支援です。聞こえにくいと、授業中の先生の指示ややりとりを聞き取って、それを理解したり、考えたりすることが難しく、学習内容の理解に時間がかかることがあります。このような場合には、学習内容を理解するための支援が必要です。机間巡視の際に、子どもが理解しているかをていねいに見たり、ノートやプリントを確認したりするなどの支援をきこえの教室の担当者から学級担任へ伝えることが大事です。

次に、学級担任との連携の方法として、連絡帳を使ったやりとりが挙げられます。きこえの教室での学習や活動の様子を毎回記載し、学級担任に伝えます。学級担任は、それを読んだ感想や通常の学級での様子などを記載し、きこえの教室に知らせるといった情報の共有や交換を行います。

通常の学級の様子を把握することで、子どもの苦手な部分をきこえの教室の個別指導の中でフォローすることができます。ただし、連絡帳は、保護者も読むものですから、子どもの苦手なことばかりが書かれていると心配や不安が増すことにもなりかねませんので、そうならないよう配慮しましょう。

他にも学級担任との連携の方法として、在籍校（在籍学級）訪問があります。きこえの教室の担当者が在籍学級の授業の様子を参観し、学級担任と情報交換をする機会です。子どもの学級集団の中での様子を見て把握することがねらいです。例えば挙手が少ないとか、友達の発言を聞いていないなど学級担任が気になることがある場合は、それがわかるような場面を設定してもらいましょう。

学級担任自身の気になる点をきこえの教室の担当者と共有できると、今後の指導の参考にできます。

2）理解啓発授業

通常の学級の子どもたちに、難聴の理解を深めたり、難聴の子どもとのコミュニケーションの配慮について説明したりするために、きこえの教室の担当者が理解啓発の授業を行うことがあります。

聴覚障害に関する説明では、聞こえの仕組みの説明をしたり、補聴器の試聴をしたり、耳を塞いで聞こえにくさの体験をしてみたりします。

コミュニケーションに関する説明では、次のような配慮を子どもたちにお願いします。

- 顔を見せて（口元を見せて）。
- 大きめの声で。
- ハキハキと話す。
- 後ろからは聞こえないので、肩を軽く叩いたりして注意を向けさせてから話す。
- 補聴器や人工内耳について、取扱いを注意する。

3）校内研修会

難聴の子どもが在籍する学校の教職員へ向けて理解啓発を進めるために、校内研修会を開いてもらうことがあります。内容は、在籍学級で行う理解啓発授業と同様ですが、補聴システムなど教師が使用する機器についてていねいに説明する必要があります。

研修で大切なことは、難聴の子ども一人のために特別な配慮をするということではなくて、難聴の子どもにとって必要な配慮は、実は聞こえる子どもたちにとっても有効な配慮だということを理解してもらうことです。それによって、校内の先生方の理解が深まっていきます。

4 保護者支援

(1) 保護者の心配や不安

保護者は、子どもの成長のために通級による指導に大いに期待しています。その期待は、言い換えれば、心配や不安が強くあることの裏返しでもあります。それでは、具体的に保護者はどのような心配や不安を抱えているのでしょうか。

まず、授業の理解についてです。先生の言うことを聞いて、よく理解しているのかどうか、授業内容はわかっているのかどうか。また、班活動など小グループでの活動の際に参加できているかどうか、テストの点数は大丈夫か、掲示してある作品などは他の児童と同じように作れているか、忘れものはしていないか、提出物は期限を守れているか、などが挙げられます。

次に、友達関係についてです。仲のよい子はいるのか、どんな遊びをしているのか、遊びのルールがわかっているか、仲間外れにされていないか、などです。

それから、聞こえにくさへの配慮についてです。例えば、先生は板書など視覚的手がかりをたくさん用意してくれているか、子どもに個別の声かけをしてくれているか、話をする場面と作業をする場面を分けてくれているか、そして、わからなかったところの補習をしてくれるのかどうか、などです。また、補聴器や人工内耳のことでからかわれたりいじめにあったりしていないか、聞こえにくさがあることの説明を子どもたちにしてくれているか、などもあります。

最後に、進路についてです。小学生の場合中学校への進学に際し、地域の中学校に行くのか、難聴特別支援学級のある中学校に行くのか、聾学校に行くのか。大きく分けると、この3つの選択肢があるでしょう。さらに、保護者は、中学進学の先のことも考えています。高等学校をどうするのか、大学は、就職は、と考えながら、中学校への進学について悩んでいます。その際、小学校時代の学力や授業の理解の様子、友達関係などが大きく影響することになると思われます。

(2) 保護者支援の実際

このような保護者の心配や悩みに対して、次のような支援を行います。

1) 連絡帳、個人面談

まずは連絡帳です。在籍学級担任との連携のところでも述べましたが、保護者にも連絡帳が使われています。そこには、指導した内容や子どもが活動した内容が記されます。連絡帳を通して、保護者は子どもがどのような時間を過ごしたのかがわかります。

連絡帳には保護者が記載する欄を設け、家庭での様子や保護者自身の思い、心配事などが書けるようにしています。それにより、きこえの教室の担当者は、子どもへの指導に活かしたり在籍学級への支援に役立てたりすることができます。毎週欠かさず連絡帳が交換されることで、その時々の心配に対して、タイミングを逃さずに支援することが可能になります。

また、毎回の通級指導後に保護者の方と話をする時間をとります。ちょっとした立ち話が、タイムリーな情報交換と情報共有の場となっています。

さらには、学期ごとに30分から1時間程度の保護者面談を実施します。その学期を振り返り、子どもの成長やこれからの課題を確認します。通常の学級の個人面談よりも長い時間を確保し、ていねいな話し合いを行っています。このことが、保護者の心配や不安の軽減につながっています。

2) 保護者会

個別の面談のほかに、保護者を集めて行う「保護者会」もあります。きこえの教室からの連絡のための場としてだけでなく、むしろ保護者同士の交流の場としても重要です。

保護者にとって保護者会の一番の魅力は、先輩の保護者に学ぶことができることです。小学校1年生の子どもをもつ保護者が心配している事柄を、6

年生の子どもの保護者が自身の経験をもとにアドバイスしてくれます。私たち教師の助言よりも、先輩の保護者の体験談のほうがずっと役に立つのです。例えば、担任の先生への聞こえにくさの伝え方（説明の仕方）や聞こえにくさで困ったときの対応策など、子どもの実体験からくる保護者からのアドバイスは具体的で心強いものです。

また、補聴器や人工内耳に関しても、耳鼻咽喉科医や補聴器取扱店の情報交換も行われます。サービスの内容から料金のことまで、具体的なアドバイスが交わされます。

さらに進路に関しても、先輩の保護者から聞く、聾学校を選択した理由や聾学校の生活の様子などの話は、聾学校に通う子どもをもつ保護者ならではの情報提供です。

このほかにも、大学の先生や耳鼻咽喉科医、療育の先生を招いて学習会も実施します。より専門的な聴覚障害に関する学習を通して、保護者の方々の心配や不安は軽減していくように感じています。何より、私たち教員にとっても学びの場となっています。

3）保護者との協働

先日、筆者が担当した子どもの保護者２名を招いて、学習会を行いました。その席で２人の保護者は、保護者同士の集まりがあったからこそ、心配や不安を乗り越えることができた、と話されていました。そして、きこえの教室の教員も一緒になって話し合い、あれこれ試行錯誤し、共に笑い、共に泣いた時間こそが、自分たちの宝物である、と話されていました。

保護者に学ぶこと、難聴の子ども自身に学ぶことが、担当者にとっても、とても貴重な研修の時間になっているのだと思います。ぜひ、保護者や子どもと共に学び育つ気持ちをもってください。そうすれば難聴の子どもへの指導も行えると考えます。先生方の実践を期待します。

引用・参考文献

1）東京都教育委員会（2021）「特別支援学級・通級による指導　教育課程編成の手引（令和3年3月発行）」https://www.kyoiku.metro.tokyo.lg.jp/school/document/special_needs_education/teaching_program.html（2022年８月８日最終閲覧）。
2）全国公立学校難聴・言語障害教育研究協議会編（2014）「きこえとことば研修テキスト

ことばやきこえに主とした課題がある子どものニーズに応じた支援教育　第２版」。

（阿部厚仁・長瀬和美）

第10章

関係機関との連携協力

筆者は、第3章でお話ししたように小学校から聾学校に転勤しました。聾学校には幼稚部から高等部まで幅広い年齢層の子どもたちが在籍しており、とても新鮮に感じました。職員会議では、各学部の取組みや課題になっていることが話されていましたが、その中で医療や労働など様々な関係機関が出てくることに正直驚いたものです。転勤した当時は、幼稚部に所属し、学校が病院と関わることを知ることができました。それでも、「何のために関わるのだろう？」「実際に、どのようなことをすればよいのか？」といった疑問が徐々に湧いてきました。

本章では、学級担任や教育相談の担当、分掌部の仕事をする教師の立場から関係機関との連携協力の意義と取組みについて述べます。なお、本書第3章の早期教育相談と幼稚部における教育の中で、医療・保健・福祉などの関係機関連携について述べていますので、併せて参照してください。

1 関係機関との連携協力の意義

(1) 連携協力の意義

関係機関との連携については、これまでも重視されてきたところですが、カリキュラムの基準となる教育要領や学習指導要領が改訂される度に、より重要視されてきていることがわかります。

現行の教育要領や学習指導要領では、学校種にかかわらず次のような「前文」が新たに設けられました。

　これからの時代に求められる教育を実現していくためには、よりよい学校教育を通してよりよい社会を創るという理念を学校と社会とが共有し、それぞれの学校において、必要な学習内容をどのように学び、どのような資質・能力を身に付けられるようにするのかを教育課程において明確にしながら、社会との連携及び協働によりその実現を図っていくという、社会に開かれた教育課程の実現が重要となる。

　学校が社会との連携及び協働によって教育を行うことの重要性が示されるようになりました。

　具体的な中身について、「特別支援学校小学部・中学部学習指導要領」の内容をみてみます。

1）カリキュラム・マネジメント

　まず、第１章総則第２節の４では、教育課程に基づき組織的かつ計画的に各学校の教育活動の質の向上を図っていくこととして「カリキュラム・マネジメント」に努めることが新たに示されました。カリキュラム・マネジメントの側面のひとつとして、「教育課程の実施に必要な人的又は物的な体制を確保するとともにその改善を図っていくこと」が挙げられています。「人的又は物的な体制」として、例えば、個々の教員のもつ専門性、学校に備えられている教材・教具、近隣の学校や社会教育施設、児童生徒の学習に協力することのできる人材や組織などが考えられます。こうした地域の教育資源や学習環境を把握し、教育課程の編成に生かしていくということになります。

　次に、カリキュラム・マネジメントに関連して、第１章総則第６節の２では、「学校がその目的を達成するため、学校や地域の実態等に応じ、教育活動の実施に必要な人的又は物的な体制を家庭や地域の人々の協力を得ながら整えるなど、家庭や地域社会との連携及び協働を深めること」を示しています。例えば、学校運営について家庭や地域の方々から意見を得て教育活動に生かしたり、学校の教育方針や特色ある教育活動や児童生徒の様子などについて家庭や地域の方々に発信したりして、理解や協力を得ることが考えられます。

2）交流及び共同学習、地域での活動

　また、同じく第６節の２では、交流及び共同学習を行うことや地域の人々などと活動を共にする機会を積極的に設けることについても示されています。

例えば、交流及び共同学習を通して児童生徒が経験や視野を広げるなど学習環境を充実させることが挙げられます。また、地域の生徒指導連絡会や研究会などを通して、学習指導や生徒指導に関する情報交換をして、自校の教育活動に生かすことも考えられます。さらに、自校の学習指導上の工夫や配慮について発信することで、交流及び共同学習をする相手校や地域の方々に障害に応じた合理的配慮の考え方や実際について理解してもらうことも重要です。

3）自立活動の指導

特別支援学校では、自立活動を設けています。第７章第３節の「個別の指導計画の作成と内容の取扱い」では、配慮事項として連携に関することを示しています。自立活動の指導は、専門的な知識や技能を有する教師を中心として、全教師の協力の下に効果的に行われるべきものです。

次に、児童又は生徒の障害の状態等により、必要に応じて、専門の医師及びその他の専門家の指導・助言を求めるなどして、適切な指導ができるようにすることも重要です。

そして、自立活動の指導の成果が進学先など（高等部は進路先など）でも生かされるように、個別の教育支援計画などを活用して関係機関などとの連携を図ることが求められます。自立活動の指導においては、校内の教員のほか、医療、療育、福祉、他障害種を対象とする特別支援学校などとの連携が求められています。特に、高等部においては、生徒の進路先などの引継ぎを含め、産業現場での実習や就労先の開拓、進学先の情報収集をするために、労働機関や高等教育機関などとの連携も重要になります。

このように、指導の主体と責任は学校にありますが、教育計画を立案したり、実施したりする際に、関係機関との情報交換や指導・助言を得るといった連携や協力を行うことで、より適切な指導を行うことが期待できます。

4）センター的機能

一方、第１章６節の学校運営上の留意事項では、特別支援学校が、地域の特別支援教育のセンターとしての役割も担うとしています。多くの聾学校では、聴覚障害のある子どもへの指導の工夫や必要な配慮、教材・教具などについて、地域の幼稚園・保育園や学校に発信したり、相談に応じたりして連携に取り組んでいます。

地域のセンターとしての機能を発揮することとは、学校がもつ専門性や情報を提供することです。このように外部にわかりやすく説明する取組みは、家庭への説明に役立ち、校内の聴覚障害教育に関する専門性の継承・発展にも寄与すると考えています。

ここまで、学習指導要領に示された連携や協力について取り上げてきましたが、教育活動の質の向上を図っていくという意識のもと連携や協力を進めていきたいものです。

(2) 連携協力にあたって大切にしたいこと

筆者は、聾学校で早期教育相談や小中学生の教育相談を担当しました。そのとき、医療・保健・福祉の関係機関や地域の学校などと連携する経験をしました。例えば、病院の主治医に子どもの学校での様子を手紙で伝えたり、保育所や幼稚園、学校に訪問して、担任の相談に応じたりしました。また、医療・保健・福祉・教育関係者向けの学校公開や研修会も行ってきました。あるときは、当事者や手話通訳者の会で聾学校の教育について説明したこともありました。

このような経験から、連携協力にあたって特に大切にしたいことが２つあります。

1）相互理解

ひとつ目は、連携先との相互理解が重要であるということです。例えば、病院などの医療機関では、医療に関する専門性に加え、限られた診療時間で数多くの患者を診察しなければならないといった状況があります。また、保健師は、その市町村に住む子どもの出生からその後の成長までの情報を把握しているとともに、療育や教育が必要な場合の関係機関について把握し、切れ目ない支援が行われるようにしています。こうした職業文化や事情を理解し、尊重することが連携の前提だと考えます。

ここでいう尊重とは、連携先のもつ専門性を踏まえて、相手の話をていねいに聞くということです。例えば、連携先は子どもの成長についてどのように考えているか、学校に対して何を期待しているのかを把握することが大切です。そうすることで、学校から伝える内容や伝え方を工夫することができると考えます。

2）連携の内容を具体的に確認

2つ目は、連携して行うことを明確に具体化することです。

以前、私が当事者団体の方とやりとりをした際、互いがもつ連携のイメージが違っており、困惑したことがありました。行事や研修会の案内を団体に送る際、私は、行事や研修会の目的に応じて、送る資料と送らない資料とを分けていました。あるとき団体の方から、「連携すると言っていたのに、なぜ、情報をくれなかったのか」と苦情に近い問い合わせがありました。その方は、連携イコールすべての情報を共有するというイメージをもっていたのだと気づかされました。このことから、連携する際は、相手方と具体的に取り組む内容を理解し合うことが大切だと考えるようになりました。

連携には、様々な取組みが考えられます。例えば、情報を共有すること、助言を仰ぐこと、講師として協力してもらうことなどが挙げられます。また、療育施設や福祉事業所を利用している子どもの指導について、学校と双方で同じ取組みをしたり、役割分担をして取り組んだりすることも考えられます。子どもの成長のため、それぞれの場で、誰が、何を、どこまで、またはどの程度行うのか、などと具体的に話をすることが大切だと考えます。保護者や家族にとって、関係機関が連携して子どもを支援していることが実感できるのは大きな安心や信頼につながると思います。

2　教育活動の質の向上を図るための連携協力

ここでは、教育活動の質の向上を図るための連携や協力について、実践例を紹介します。

(1) 実践例：指導の意図と手立てを伝える工夫

本書の第3章で述べたように、聾学校では早期から医療・保健・福祉など

動物のまねっこ遊び

	どのような音声を聞かせたいのか	どのような発声を促したいのか
牛	モー (低い声、伸ばす声)	オの口形 低い声 唇を閉じる、鼻を響かせる
犬	ワン ワン (中間の高さの声、リズムがはっきりした声)	アに近い口形 中間の高さの声を出す リズムよく声を出す
猫	ニャーオ (高い声、伸ばす声)	イに近い口形 高い声を出す 口を滑らかに動かす
ブタ	ブー ブー (中間から低めの声、リズムがはっきりした声)	ウの口形 中間の高さの声を出す 唇を閉じる、息を勢いよく出す リズムよく声を出す
カラス	カー カー (中間から低めの声、リズムがはっきりした声)	アの口形 中間の高さの声を出す リズムよく声を出す
馬	ヒヒーン (高い声、伸ばす声)	イに近い声 高い声を出す

絵カード＋音声＋手話・身振りを同時に示しながら見せる

C：じっと見つめる
C：手話・身振りの模倣
C：手話・身振り＋音声の模倣

音声＋手話・身振りを同時に示しながら見せる

C：手話・身振りの模倣
C：手話・身振り＋音声の模倣

音声を聞かせてみる

複数のカードを示して音声を聞かせてみる。または手話・身振りを示す

図 10－1　言語聴覚士との情報交換資料

出典：筆者作成。

の関係機関と連携を図った取組みが求められます。補聴器や人工内耳を装用した後の療育や教育が子どもの発達に大きな影響を与えるため、主治医や言語聴覚士は、学校で行う指導内容や指導方法に関心を寄せている場合が多いと思います。

図 10－1 は、人工内耳の手術を機に、言語聴覚士と情報交換をした際に使った資料です。筆者が早期教育相談を担当したとき、補聴器をし始めた乳幼児に対し、補聴器点検の一環として動物の絵カードを使ったまねっこ遊びをしていました。子どもに「どのような音や音声を聞かせたいのか」「どのような発声を促したいか」といった活動の意図を図にまとめたものです。図の右側には、教員の働きかけを段階的に示しています。上が初期の関わり方

で、囲みの下に「C：じっと見つめる」といった子どもの反応を例示しました。

こうした活動を続け、子どもの反応を見ながら、徐々に下のほうの関わり方へと変化させていきました。そして、音声の聴取や発声・発話の様子を記録しておき、手術前の情報として伝えました。

言語聴覚士の方からは、術前の聴覚活用が大切であることや提供された情報を参考にして術後のマッピング（人工内耳の機器の調整）や療育に生かしていきたい、との話がありました。また、病院で学習している内容について保護者を通して学校に情報提供してもらうなど、引き続きやりとりをしていくことを確認しました。

この実践例では、療育を担当する言語聴覚士に、聾学校の教育を理解してもらえるよう、指導の意図と手立てを図示して伝えるようにしました。その結果、視覚でわかる方法や聴覚活用、発声、発話のそれぞれについて、教師が計画に基づいて関わっていることをイメージしてもらえたのではないかと思います。

(2) 実践例：交流先にコミュニケーション方法を伝える工夫

筆者が幼稚部を担当していたとき、学期に３日間ずつ聾学校の近隣の幼稚園と交流保育をしていました。初めて聾学校の幼児を受け入れる幼稚園の先生方にとって、幼児とのコミュニケーションをどのようにしたらよいのかをわかりやすく伝えるため、図10－2の資料を作って打合せをしました。

資料には、話し言葉や手話を使う際に聾学校教員が心がけているポイントを示しています。例えば、「目と目を合わせて」については、次のような説明をしました。

- 聞こえない、または聞こえにくい子どもは、相手の表情や口元を見ながら話を聞いているので、顔を見せて話しかけてほしい。
- 視線を合わせて話しかけると、子どもは自分に話しかけられているのがわかりやすい。

このような形で説明したところ、幼稚園の先生からは、「日常の保育でも

図10－2　交流保育先への資料

出典：筆者作成。

大切なことだと思う、子どもとの関わり方についてイメージがもてた」との感想をいただきました。幼稚園の先生が身振りや実物を使って聾学校の子どもに話しかけている様子を見ていた年中組の園児たちも、徐々に顔を見て話しかけたり、身振りや実物を使って話しかけたりするようになりました。

この資料では、幼稚園の先生と聾学校の子どもとがコミュニケーションしやすくするために幼稚園の先生方にしてほしいことを具体的に示しました。イラストを入れたことで、幼稚園での遊びや生活の様子をイメージしてコミュニケーションの方法を理解していただけたのではないかと思います。

(3) 実践例：一貫した教育を行うための校内連携

聾学校の多くは、幼稚部から中学部または高等部まで設置しています。早期からの一貫した教育を行う体制が比較的整った状況といえます。しかしながら筆者は、日々の授業や業務に取り組むのに精いっぱいで、他学部のことまで考えが及んでいなかったのが正直なところです。年齢が小さい子どもを担当する教員は、その後の様子を知ることで、育成を目指す資質・能力について改めて考えたり、長期的な視点に立って指導計画を見直したりすることができると思います。一方、上の学年や学部を担当する教員は、その子どもがどのような教育を受けて育ってきたのかについて情報を得ることで、より的確な実態把握をしたり、必要な指導について見直したりすることができると考えています。

このような一貫した教育を実現するためには、教科部会や校務分掌における活動も大切だと思います。表10－1は、学習指導部が作成した資料です。学習指導要領の改訂時に読書活動の推進が新たに加わったことを受け、これまでの分掌部の取組みを見直すために、幼稚部から高等部までの部員が作成したものです。

分掌部会の会議の時に、学習指導要領の読書や図書館の活用に関する箇所を読み合いました。その後、それぞれの教員がこれまでの取組みで良かったことや見直したいことなどの気づきやアイデアをメモしました。メモしたことを発表し合い、意見交換をした後、右側の「これから」の方針を学部ごとにまとめ、次年度の分掌部の計画を作成しました。

この実践例では、2回の分掌部会を使って作業をしました。作業を通して、他学部の実態や教員の願いなどを相互理解し、長期的な視点に立って読書や図書館の活用について考えることができたと思います。

3　産業現場や進学先などとの連携協力

ここでは、産業現場や進学先などとの連携や協力について、実践例を紹介します。

(1) 実践例：産業現場における実習や就労先への説明の工夫

聴覚障害のある生徒の就労先拡大に向け、多くの聾学校では、実習先や就労先の開拓に努めています。一般的には、聴覚障害に関する基本事項を説明したり、聴覚障害によって困難な作業もあるが手立てを講じることでできる

表 10－1　校内連携（読書、図書館の活用）

テーマ：読書、図書館の活用について					
	これまで ねらい・目標	取組み	環境整備	気づき＆アイデア（吹き出し付箋）	これから
幼稚部	●絵本の楽しさを味わう ●いろいろな絵本に親しむ ①地域の図書館で読んだり借りたりする体験もさせたいね…。	□読み聞かせ（学級活動、行事などの合同活動） □文化祭での劇発表（読み聞かせた物語を題材に） □読書感想画 □お話発表会 ③ビデオ録画して事後の活動だけでなく翌年以降も教材として活用してはどうかな？　子どもの動機付けになるかも。	➢学級ごとの絵本コーナー ➢遊戯室の絵本コーナー（季節や活動テーマに関する絵本）	②遊戯室の絵本を貸し出せるようにして、本を借りる体験（貸出カードに書く、本を大切に扱う、返す）を多くさせたいね…。学校でしたことを公共図書館で借りるときに生かせるから、保護者の参考にもなるね…。	✔絵本の楽しさを家庭や学校で味わうようになったら、図書を借りる体験をさせていこう。地域の公共施設の理解や活用の素地を育むことにつながるだろう。
小学部	●進んで読書する習慣を身につける ●辞典や図書館の活用方法を身につける ⑥教師も図書紹介文を書いて掲示しては？　いろいろな図書や見方に触れる機会になる。	□国語科（読書習慣、辞典や図書館の活用、読書感想文） □他教科等（調べ学習、地域の図書館での貸し出し体験、読書感想画）	➢学級ごとの図書コーナー ➢学校図書館 ➢子ども新聞	④国語教科書で扱う題材に関係する図書を事前に並べておくといいね…。教材文のスムーズな読みにつながると思う。 ⑤他の教科に関する図書も並べておくといいかも。	✔児童数が少ないため、多様な見方や感想に触れるようにすることで、読書の幅を広げたり、読書のよさを感じたりするきっかけになるだろう。
中学部	●様々なジャンルの読み物に親しみ、自分の考えを深めたり広げたりする ●電子辞書や事典を調べ学習で活用する ⑧教師自身が、中学生時代に読書を通じて考えを深めたり広げたりしたことを図書紹介（掲示）してはどうだろう？　考えを深める・広げるとはどういうことかを生徒が感じ取ることができるのではないか？	□国語科（知識や情報を得たり、考えを広げ深めたりすることを自覚するような学習活動の設定、読書感想文、図書紹介） □他教科等（調べ学習）	➢学級文庫 ➢学校図書館（インターネット環境も含む） ➢新聞 ➢電子辞書	⑦教科学習全体を通して、図書館で調べる活動を洗い出してみよう。調べ方の手引を作成するのはどうだろうか？	✔読書を通して、自分が変容したことを自覚するような気づきや振り返りの活動を大切にしていこう。 ✔調べることが日常的にできるように各教科などの指導で意識していこう。
高等部	●社会との関わりや自分の生き方を考える際の読書の意義を考える ●目的に応じて図書を選び生活や学習に生かす	□国語科（卒業後の学習や生活を視野に置いた題材と言語活動の設定、図書紹介、作品批評） □他教科（調べ学習、面接やマナーなどの実用書、歴史や美術などの専門書） ⑨卒業後、会社での付き合いや日常会話などで出てくる話題やジャンルの読み物は扱っておきたい。	➢学級文庫 ➢学校図書館（インターネット環境も含む） ➢新聞 ➢電子辞書 ➢タブレット端末	⑩タブレット端末を使った検索や辞書・辞典アプリケーションの活用も教科等で扱っておきたい。	✔卒業後に触れるであろう読み物を扱っていくことで、既有知識（ジャンル、調べる・批評的に読む・情報を得るなどの読み方に関する知識）を身につけ、生涯学習の意欲を高めることにつながるだろう。

ことなどの解説をしたりします。生徒の就労先となる可能性がある実習の場合は、その生徒の実態も含めてより具体的に説明する必要があります。

一方、補聴器の性能が向上し、人工内耳も普及している現在、発話が明瞭な生徒も増えています。比較的静かな場所で一対一で会話をすると、やりとりがスムーズに進む場合もあります。

このように生徒が明瞭に発話し、会話できることを受け、雇用する側が「聴覚障害があるとはいえ、自分と同じように話せる」「話せるから、こちらの言うことも理解できるだろう」と受け止めてしまい、その生徒に必要な配慮がなされないこともあります。このような誤解を招かぬよう聴覚障害について説明する際は、聴覚障害の特性について、産業現場で想定される場面を取り上げて伝えることが大切だと考えます。

ある高等部生徒が、就労を見据えた実習を２週間行うため、事業所の担当者と聾学校の教員とで打合せを実施することにしました。その生徒は、人工内耳を装用し、相手によって話しことばや手話を使い分けたり併用したりすることができます。その生徒にとって初めての実習先でしたので、学校での生徒の学習の様子をタブレット端末に録画し、見てもらいました。事業所の担当者は、生徒の発話が明瞭でわかりやすい、との感想を話してくれました。生徒が聾学校で小さいときから学習を積み重ねてきたことを伝えた後、イラスト入りのオージオグラムを使って、生徒の聴覚障害の程度や聞こえ方について説明しました。

さらに、聴覚障害の特性として、次のようなことを説明しました。

- 視聴していただいた場面は、静かな教室でのやりとりであること。工場内での換気扇や機械音、事務所内での会話など、周囲の雑音や騒音があるとより聞こえにくくなり、話しかけに気づかない場合もあること。また、話しかけられているのはわかっても、その内容がわからないことがあること。
- 生徒は、会話をする際、相手の表情や口元を見たり、会話の文脈から話の内容を類推したりしながら理解していること。工場内でマスクを着用した場合、表情や口の動きが見えないため、相手の話がわかりにくくなること。

- 生徒は、会話をする際、まず相手が何と言っているのかをとらえるのに集中していること。聞こえる人の場合、相手の話を聞きながら自分の考えと比べたり、答えを考えたりするが、聞こえない、または聞こえにくい人の場合、聞きながら考えることは非常に難しい。このため、話しかけてもすぐ応じられない場合もあること。
- 生徒が知っていることばや使い慣れたことばについては、比較的聞き取りやすいこと。業務上の専門用語など、初めて触れることばを聞き取れない可能性があること。

以上の特性を説明したうえで、周囲の状況などによってわかる場合もあるし、わからない場合もあるため、会話の相手に「話している時に顔をジッと見られた」「話しかけたのに無視された」などと誤解されることがあると伝えました。

このような特性を踏まえ、大事な要件は静かな場で伝えておく、作業手順を書いておく、筆談をするなどの手立てを紹介しました。また、産業現場の様子を見学させてもらい、その生徒が得意なことやできることを参考にして、生徒ができそうな作業を伝えました。

2回目の打合せは、生徒も一緒に事業所に行き、担当者と直接会話をしたり、生徒自身に自分の聞こえやコミュニケーションの方法、実習で目標にしていることなどを説明したりする時間を設けました。話し合いを通して、事業所は筆談ボードを用意してくれました。生徒は筆談用のメモ帳を持ち歩いていますが、工場内には外から物を持ち込むことはできないため、こうした配慮をしてもらうことになりました。

実習では、工場のラインの中で、生徒が得意な作業を担当させてもらっていました。事業所の方にうかがうと、作業がていねいだったこと、相手をしっかり見て話を聞く態度に感心したと話してくださいました。また、打合せで説明したように、周囲がうるさいと聞き取りにくいのだなと生徒と会話をしていて実感したそうです。明瞭に話すので、つい聞こえる人と同じ接し方をしてしまうが、事前に説明を聞いておいてよかったとも話してくださいました。

この時は、初めて聴覚障害のある生徒を受け入れる事業所へ説明しました。実習で想定される場面に基づいて、障害の特性や手立てを紹介したことで、具体的に対策や対応をイメージしてもらえたのではないかと思います。また、支障のない範囲で事業所の業務内容や環境を把握し、生徒の実態と結びつけて、事業所が配慮できることを提案したことも、参考になったと思います。

現在、聾学校の高等部を卒業した生徒の進路先としては、就職をしたり、専攻科や専門学校、大学へ進学したり、多岐にわたります。就職する割合と進学する割合は、例年、ほぼ半数になっています。進学先に対する説明においても、就職する場合と共通する部分があると思います。

このように、聾学校から関係機関の方々に対して、聴覚障害の理解を求めることは重要ですが、関係機関との連携を支える事柄として、聾学校では、聴覚障害のある生徒本人が積極的に周囲の方々と関わる意欲や態度を育てることが欠かせないと思います。

4　地域の聴覚障害教育のセンター的機能の発揮

ここでは、地域の聴覚障害教育のセンター的機能を発揮するにあたっての連携や協力について、実践例を紹介します。

(1) 実践例：PTAや当事者団体等と連携した交流会の実施

多くの聾学校が、地域の聴覚障害教育のセンター的機能として、聴覚障害のある子ども同士の交流会や聾学校での体験学習会などを実施しています。地域によって実情は異なりますが、地域の園や学校で学んでいる子どもと聾学校に在籍する子どもの双方にとって、同じ障害のある仲間や先輩と出会うことは、自己肯定感を高めていくうえで貴重な機会となります。また、保護者にとっても、自分の子どもの現状や将来のことについて話し合える機会となります。

表10－2は、聾学校が実施した交流会のプログラムの一例です。夏休み期間中に、地域支援部が中心となって半日の交流会を設定した時のものです。

表10－2　交流会プログラム

<table>
<tr><td>10:00</td><td colspan="2">開会（体育館）
・学校長あいさつ　　　・日程説明</td></tr>
<tr><td>10:30</td><td>保護者交流会（会議室）
1　聴覚障害者協会の方の講話
●学校生活を振り返って
●現在の仕事や生活について
●保護者に伝えたいこと</td><td rowspan="3">幼児児童交流会
《幼児・小学1～2年生》（プレイルーム）
●自己紹介
●ジェスチャーゲーム
●うごくおもちゃを作ってあそぼう
《小学3年生以上》（視聴覚室）
●自己紹介
●仲間作りゲーム
●プログラミング体験
●感想発表</td></tr>
<tr><td>11:00</td><td>2　質疑応答</td></tr>
<tr><td>11:10</td><td>3　トークタイム（情報交換）</td></tr>
<tr><td>12:00</td><td colspan="2">閉会（体育館）</td></tr>
</table>

出典：筆者作成。

幼児から小学生までの子どもと保護者を対象に、保護者同士の交流会と子ども同士の交流会を設けました。

保護者交流会の内容として、「成人当事者の方の経験談から学ぶ」をテーマに、地元の聴覚障害者協会から協力を得て、表にある内容の講話をしていただきました。協力を仰ぐにあたり、どのような参加者であるか、交流会の目的、講話していただきたい内容を伝え、打合せをしました。講話してくださる方の思いや保護者に伝えたいことも聞き取りながら、「担当者としても、ぜひこんなことに触れてほしい」「このような話もお願いしたい」などと相談をさせてもらいました。

また、毎年、保護者同士のざっくばらんな話し合いも情報交換や共感し合える場として好評でしたので、時間を確保しました。講師の方には、手話通訳をつけ、保護者同士の話し合いの様子を見ていただいたり、アドバイスや情報をいただいたりしました。

幼児児童交流会は、年齢別に2グループに分けて、出会いの緊張をほぐし、コミュニケーションのきっかけとなるようなゲームや友達と一緒に取り組む活動を設定しました。活動にあたっては、地域支援部のほか、幼稚部や小学部の協力を得ました。特に、小学校3年生以上のプログラミング体験に関しては、聾学校の保護者が同僚と小学生のためにプログラミング体験のボランティア活動をしているとお聞きし、協力していただきました。

参加した保護者からは、「成人の方の体験談はたいへん勉強になったし励みになった」「子どもの将来について少しイメージできるようになった」「社会に出たときにどんな力が必要なのかを考えることができた」など、多くの感想が得られました。講師をしてくださった方も、「自分の学生時代とは異なり、現在の聞こえない子どもたちや家庭の考えなどを聞くことができてよかった」と感想を述べてくださいました。

また、プログラミング体験に協力してくださった保護者からは、「子どもたちが一生懸命話を聞いて取り組んでいたのが印象的だった」との感想が得られました。小学生には説明が難しいと思い、説明用のスライドを少し増やして臨んでくださったそうです。また、「聾学校は補聴援助システムがあり、子どもたちに伝えやすかった」とも話されていました。

この実践例では、センター的機能のひとつとして、聴覚障害のある子どもと保護者同士の交流会を設定する上で、当事者団体やPTAの協力を得ることで、参加者が満足する内容になったと思います。また、協力していただいた方々には、聾学校や子どもたちのことをより理解してもらう機会になったと実感しました。連携や協力を具体的に進めることで、相互理解がより一層深まるのだと思います。

このほか、学校公開・担当者研修会では、保健・福祉・教育委員会・難聴児を担当する教員を対象とした研修も実施しました。

(2) 実践例：難聴児を担任する教員への説明の工夫

地域の幼稚園や学校等で聴覚障害のある子どもを担当している教員を対象とした研修会も多くの聾学校で実施しています。筆者も保育所や幼稚園、小学校などに訪問して担当の先生の相談に応じたり、情報提供をしてきたりしました。その際、聞こえない、または聞こえにくいとはどういうことかをイラスト入りオージオグラムを使ったり、シミュレーションをしてもらったりして説明していましたが、十分ではないと感じるようになりました。自分自身のことを振り返ると、初めて聾学校に赴任した時、「聞こえない」ということはイメージできても、それが生活や学習にどのような影響を及ぼすのかがなかなかイメージできなかったと思います。

そこで、参観した授業で見聞きした出来事や題材を取り上げて説明することを心がけるようにしました。例えば、小学校低学年の国語科の題材「くらしを　まもる　くるま」では、教材文を読む際の困難さについて、具体的に言葉や文を取り上げて説明しました。

- 聞こえる子どもの場合、テレビや周囲の人の話し声といった音声を聞いて、いろいろなことばや言い回しをいつの間にか覚えていくが、聴覚障害のある子どもはそれが制限されている。その結果、語彙や言い回しなどに気づかないことがある。「くらし」は実物で示すことができない抽象的なことばで、様々な暮らしの場面を例示して、ことばの概念を育てていくことが大切である。
- 「まもる」は、日常生活や絵本の中で登場することばとして理解していると思われる。子どもの理解としては、「ヒーローが、怪獣から主人公をまもる」といったイメージだと思われる。しかしながら、この教材文で使われている「まもる」はより抽象的な意味合いで使われている。このため、各段落を読む際は、「まもる」とはどのようなことか、読み取ったことをことばにして話すことが大切である。

一方、担任の先生がしていることや教材について、聴覚障害のある子どもにとって効果的な場合は、意識してそれを取り上げてほしいと伝えました。例えば、低学年であればことばの意味を確認するために動作化をすることで、ことばの表す意味を具体的にイメージすることができます。中学年であれば、単元の学習計画が掲示してあると学習のゴールを見通したり、単元の中で現在学習していることを確認したりすることができます。

このような指導は、学級全体の子どもがわかるように工夫されたものですが、聴覚障害のある子どもにとっても大変有効なものです。聾学校の教員は、担任の先生による指導について有効な方法を評価することが大切です。さらに個々の聴覚障害のある子どもにとって、どうすればわかりやすいのかを具体的に伝えることで、担当する先生も自信をもって授業づくりを進められると思います。

関係機関との連携協力は、聾学校の教育活動の質の向上につながるものです。また、聾学校が行った教育の成果や課題を卒業生や当事者団体の経験談や地域の小中学校等の様子から把握することもできると考えています。

連携協力をするにあたり、連携先との相互理解に基づき、わかりやすい説明に努めるとともに、連携の具体化をするように心がけたいものです。

引用・参考文献

・文部科学省（2018）『特別支援学校幼稚部教育要領　小学部・中学部学習指導要領（平成29年4月告示）』海文堂。https://www.mext.go.jp/component/a_menu/education/micro_detail/__icsFiles/afieldfile/2019/03/15/1399950_2.pdf（2022年12月最終閲覧）

（庄司美千代）

索　引

ア行

カ行

サ行

タ行

ナ行

ハ行

ヤ行

ラ行

[監修者]
宍戸和成（ししど・かずしげ）
独立行政法人国立特別支援教育総合研究所前理事長。
専門は、聴覚障害教育。東京教育大学教育学部特殊教育学科卒業。
主著に『聴覚障害教育の歴史と展望（ろう教育科学会創立50周年記念）』（共著、風間書房、2012年）など。

古川勝也（ふるかわ・かつや）
元西九州大学教授。
専門は、肢体不自由教育。長崎県立諫早養護学校教諭、長崎県教育庁指導主事、文部科学省初等中等教育局特別支援教育課特殊教育調査官（肢体不自由担当）、長崎県教育庁特別支援教育室長、長崎県立諫早特別支援学校長、長崎県教育センター所長、西九州大学子ども学部子ども学科教授を歴任。
主著に『自立活動の理念と実践　実態把握から指導目標・内容の設定に至るプロセス 改訂版』（編著、2020年、ジアース教育新社）。

徳永　豊（とくなが・ゆたか）
福岡大学人文学部教育・臨床心理学科教授。
専門は、特別支援教育、発達臨床。1960年生まれ。九州大学大学院教育学研究科博士課程中退。
主著に『障害の重い子どもの目標設定ガイド　第2版』（編著、慶應義塾大学出版会、2021年）、『新 重複障害教育実践ハンドブック』（共著、全国心身障害児福祉財団、2015年）。

[編者]
宍戸和成　**第1章、第4章**

原田公人（はらだ・きみひと）　**第2章、第6章**
藤女子大学人間生活学部特任教授。
専門は、聴覚障害教育。筑波大学人間総合科学研究科生涯発達科学専攻博士課程修了。
主著に『特別支援教育・療育における聴覚障害のある子どもの理解と支援』（共著、学苑社、2020年）など。

庄司美千代（しょうじ・みちよ）　**第3章、第10章**
山形県立山形聾学校校長。
専門は、特別支援教育、聴覚障害教育。
上越教育大学大学院学校教育科障害児教育専攻修士課程修了。
主著に「特別支援学校（聴覚障害）小学部の国語科指導におけるコミュニケーション手段と教材活用に関する現状」（『国立特別支援教育総合研究所研究紀要』42、2015年）など。

[著者]
山本　晃（やまもと・あきら）　**第5章**
国立特別支援教育総合研究所情報・支援部長兼上席総括研究員
専門は、聴覚障害児への指導法。
筑波大学大学院修士課程教育研究科カウンセリング専攻修了。
主著に『聴覚障害教育の手引――言語に関する指導の充実を目指して』（編集執筆協力者、ジアース教育新社、2020年）など。

井口亜希子（いぐち・あきこ）　**第7章**
国立特別支援教育総合研究所研修事業部研究員。
専門は、聴覚障害教育。
筑波大学大学院人間総合科学研究科障害科学専攻博士後期課程修了。
主著に『よくわかる！　大学における障害学生支援』（共著、ジアース教育新社、2018年）など。

武居　渡（たけい・わたる）　**第8章**
金沢大学人間社会研究域学校教育系教授。
専門は、聴覚障害教育、手話の発達と評価。
筑波大学大学院博士課程心身障害学研究科中退。
主著に『手話の心理学入門』（共著、東峰書房、2005年）など。

阿部厚仁（あべ・こうじ）　**第9章**
東京都世田谷区立烏山北小学校主任教諭 きこえとことばの教室担当。
専門は、特別支援教育（難聴・言語障害教育）。
東京学芸大学小学校全科（国語専修）卒業。
主著に『発達障害の子を育てる親の気持ちと向き合う』（共著、金子書房、2017年）など。

長瀬和美（ながせ・かずみ）　**第9章**
東京都練馬区立旭丘小学校主任教諭　きこえの教室担当。
専門は、特別支援教育（難聴・言語障害教育）。
東京学芸大学特別支援教育教員養成課程言語障害教育専攻卒業。
主著に「難聴通級指導教室と在籍学級でつくる「個別の指導計画」と指導の実際」（『特別支援教育』30、2008年）など。

シリーズウェブサイト　https://www.keio-up.co.jp/tokubetsu/

特別支援教育のエッセンス
聴覚障害教育の基本と実践

2023年2月20日　初版第1刷発行

監修者――――宍戸和成・古川勝也・徳永 豊
編　者――――宍戸和成・原田公人・庄司美千代
発行者――――依田俊之
発行所――――慶應義塾大学出版会株式会社
〒108-8346　東京都港区三田2-19-30
ＴＥＬ〔編集部〕03-3451-0931
〔営業部〕03-3451-3584〈ご注文〉
〔　〃　〕03-3451-6926
ＦＡＸ〔営業部〕03-3451-3122
振替 00190-8-155497
https://www.keio-up.co.jp/
装　丁――――中尾 悠
組　版――――株式会社キャップス
印刷・製本――中央精版印刷株式会社
カバー印刷――株式会社太平印刷社

Printed in Japan ISBN978-4-7664-2862-9